大專版

生涯
規劃

Career Planning

林湄雰・張家寧・高伊琳 > 編著

國家圖書館出版品預行編目資料

生涯規劃 /林浥雰, 高伊琳, 張家寧編著. –初版. –
新北市：新文京開發, 2019.04
　面；　公分

ISBN　978-986-430-500-1（平裝）

1.生涯規劃

192.1　　　　　　　　　　　　　108005356

生涯規劃（大專版） 　　　　　　　　　　（書號：E438）

編 著 者	林浥雰　張家寧　高伊琳
出 版 者	新文京開發出版股份有限公司
地　　址	新北市中和區中山路二段 362 號 9 樓
電　　話	(02) 2244-8188（代表號）
Ｆ Ａ Ｘ	(02) 2244-8189
郵　　撥	1958730-2
初　　版	西元 2019 年 05 月 10 日
初版二刷	西元 2024 年 01 月 01 日

法律顧問：蕭雄淋律師　　　　　　　　　　建議售價：360 元

ISBN　978-986-430-500-1

一、本書的目的在輔導學生進行生涯規劃，其目標內涵如下：

　　1. 深入分析與統整個人特質。

　　2. 發展職業興趣與休閒生活的知能。

　　3. 連結人生各階段的發展任務。

　　4. 具備生涯轉折與調適的能力。

二、本書編寫之方式，以「生涯故事」及其「延伸思考」提供符合該章主題的生涯小故事，切入學生個人生涯經驗，從故事中反省思考；並以「探索活動」互動式的思考與練習，引起學生學習動機；此外，以生動、活潑的圖像化資訊述說課文內容，利用生活化的例子引發學生探索自己與他人的生涯故事，鼓勵學生在故事敘說中，看到生涯主題，思考生命意義，產生動力規劃生涯，進而豐厚自己的故事，以行動落實運用於日常生活中。

三、本課程的教學設計是著重在以學習者為中心的「察覺、體驗、實踐、創新、反思」等歷程，察覺自我的獨特潛能，體驗生活與社會中的各種困境或危機，實踐生活的規劃與創新，反思生活及生命各種議題。

四、本書內有活動單可引導學生進行反思的機會，可達教學評量多元化之教學目標。

五、本書在編寫過程中，雖力求審慎，仍恐不免有疏漏之處，請各位老師、同學不吝指正，俾再版時能有所改進，至為感謝！

TO THE INSTRUCTOR

GOAL

大大樹
520

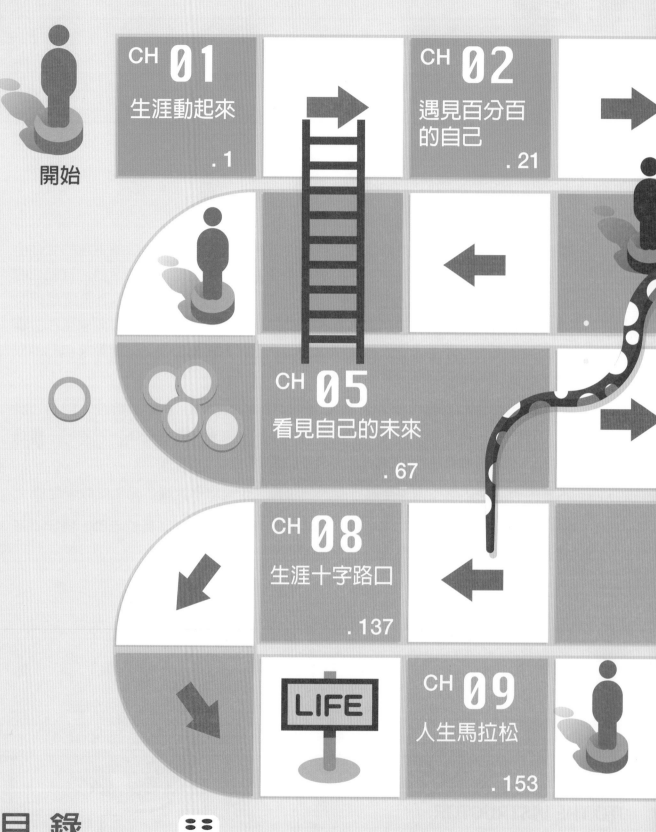

目 錄
CONTENTS

生涯動起來

愛麗絲問：「這裡是哪裡？」

柴郡貓反問：「你想要去哪裡？」

愛麗絲說：「我不知道。」

柴郡貓：「如果你不知道自己要去哪裡，那麼你現在在哪裡一點都不重要。」

「人生，是對於新鮮事物的探索，而不是等待被解決的麻煩。」

Life is a journey to be experienced, not a problem to be solved.

— 《小熊維尼 (Winnie the Pooh)》

玩到老、旅行到老

Janet

二十一歲我從美國麻省理工學院畢業。別以為我很會修電腦或解複雜的數學題，我其實是在最頂尖的工程學校攻讀西班牙語。我喜歡學語言，因為熱愛旅行，想做能到處去旅行的工作。

原本我一直都想當醫生，想激勵別人，改變世界。在繼續進修前的空檔來臺灣工作，我在臺北榮總與天母消防隊擔任短期高級救護技術員。工作期間常有人問我有沒有考慮當模特兒？我都回答：「有機會，當然好！」沒想到要回美國念醫學院時，真的有人找我去當模特兒。當模特兒就代表得放棄醫學院，還記得那時跟爸爸討論，他用臺語說：「不用想了！回來當醫生就對了，有什麼好考慮的。」

黃建賓／攝

做模特兒，最難說服的是自己

當時很掙扎，首先必須說服父母，但更難的其實是說服自己。我一直都想成為醫生，現在突然有機會當模特兒，是沒想過的事，那會是很不一樣的體驗。最後是什麼讓我做出選擇？我盤算，如果真的想成為醫生，四十歲、五十歲、六十歲都可以再去念醫學院，也許比年輕時困難，還是有機會。但如果我在六十歲時，想要回臺灣當模特兒，就真的很難了。所以我決定冒險。

當然，一切不可能一帆風順，第一次進棚時，攝影師要笑得甜一點、性感一點，但我怎麼笑都是同一號表情。事情發展得不如預期，才認清這不是我真正想做的事。就在我要回美國時，接到朋友說電視節目在找主持人，問我有沒有興趣？我抱著試試的心態去試鏡。後來很幸運，有人給我這個可以到處走走、去體驗新鮮事物和遇見不同人物的機會，而且還能賺錢，真是太酷了！

到底有沒有做對選擇？

旅遊節目其實相當辛苦，密集工作十到十四天，拍攝超過一百個小時，才能完成一集約四十七分鐘長的節目。剛開始常想：「天啊，我的決定正確嗎？我到底有沒有做對選擇？」回想起那段日子，還是覺得這才是我真正想做的工作。你說有誰是這樣賺錢：工作是去爬玉山、跟海豚游泳、邊攀岩邊拉小提琴或餵鯊魚？有多少人一早醒來，發現當天的工作是開水上飛機？而我很幸運，能把喜歡做的事當成工作。有時，看到和我一同打拚的夥伴那麼認真投入的樣子，就會覺得：你真的必須做自己喜歡的事情，才可以每天醒來時覺得興奮不已，對工作充滿熱情。雖然到處玩樂是我每天的工作，但希望大家從我身上獲得的啟發是：玩樂是生活的一部分，玩樂可以與生活及工作結合。

我深信：如果你愛你的工作，這輩子都不會為了工作而工作，因為每天都在享受生命賦予的各種體驗。我很喜歡和朋友分享這句話：「人生就這麼一次，但如果活得精彩，一次就夠了。」所以，放手去玩、趕快去玩！

—原文整理自TEDxTaipei - Janet Hsieh - Let the World be Your Playground https://www.youtube.com/watch?v=4IxNlZChPE0；

圖片來源／親子天下雜誌

延 伸 思 考

Janet 的人生原本已走在康莊大道上，但她面對其他機會時，也懂得分析與抉擇，最後決定做旅遊節目的主持人。她暫時離開了原本的醫師人生，冒險去做想做的事情，讓人生轉了一個彎；也因此能夠將興趣與工作結合，擁有了每天都不厭倦的生活。

1 Janet 說：「**我很幸運，能把喜歡做的事當成工作…你真的必須做自己喜歡的事情，才可以每天醒來時覺得興奮不已…**」

在考慮未來生涯選擇時，每個人在意的因素不同，有些人在乎這是不是自己喜歡的、有些人在乎自己選擇的路能帶給妳/你的成長性…等。妳/你覺得在做生涯選擇時，影響妳/你最重要的因素是什麼？為什麼這是妳/你優先考慮的？

2 Janet 說：「**人生就這麼一次，但如果活得精采，一次就夠了。**」

對妳/你來說，怎樣的人生是精彩的呢？現在妳/你已經走在精彩人生的路上了嗎？妳/你覺得現在可以做些什麼，當未來，回首思考所經驗的一切時，會覺得不虛此行？

3 Janet 說：「**首先必須說服父母，但更難的其實是說服自己。**」

在做生涯選擇時，重要他人的肯定與認同，對自己是重要的。但在說服他人之前，也必須確認自己的選擇是經過深思熟慮，符合所追尋的目標。妳/你可以透過哪些方式，確認這個選擇真的是妳/你之後想走的路呢？假如這個經過充分思考後的選擇，和重要他人的期待不同，妳/你會如何去說服他們呢？

1-1　聽聽看！什麼是生涯的聲音？

我們的人生，就像是一場旅程。在旅途中想前往的目的地是哪裡？想用什麼方式到達？到達之後想做什麼？有沒有下一個目的地呢？「生涯規劃」就像一張地圖，讓你出發之前，了解自己的狀態，梳理個人的經驗，審時度勢，充分準備，向自己設定的目標前進。

大大樹tips

生涯學者金樹人 (2015) 認為生涯的特徵是根據自己原來的樣子，審時、度勢、隨機、應變，並選擇一種可以安身立命的生活方式。「自己原來的樣子」是指自己的本性與天賦。「審時、度勢、隨機、應變」是指要積極規劃未來，保持彈性應變，「安身立命」是指工作穩定之餘，也要尋找自己的人生意義。

我的想法是……

別做生涯規劃，讓未來規劃你！

Google前執行董事長艾力克·史密特(Eric Schmidt)曾說，我們現在在每兩天所產生的資訊量，相當於過去2003年的總和，也就是大約5個EB的量（1EB=10的12次方MB）。因為這個世界進步太快，變化太大，所以任何人都無法預料未來10年會有什麼新科技以及新行業，就如同10年前我們大概也沒有聽說過共享經濟或自動駕駛一樣。

想像中的未來，正在發生中！

即使計畫總是趕不上變化，生涯規劃也可以為我們的人生指引出方向，更重要的是能夠使我們思考這人生方向背後的目的與價值，也就是自我在生涯中的定位。我們活在現在，走向未來，該思考的是，如何讓自己具備未來十年、甚至二十年後用得上的能力與態度。最怕的是，還用過去的觀念在思考未來的世界，而蒙蔽了自己看見世界的全貌。

大大樹 動動腦

生涯規劃使我們擁有為自己規劃生命的自由，並且活成自己滿意的樣子。生涯規劃的重要性在於幫助我們找到自己的人生方向，那我對自己生涯的面貌有什麼想法呢？「活成自己滿意的樣子」是什麼？「自己原本樣子」對我來說，又是什麼？

探索活動　　生涯體操轉一轉

在精彩的人生旅途啟航前，有哪些事情對我們來說很重要？

例如思考「工作」這件事情時，會想到「我想做什麼工作呢？」「這份工作適合我的個性嗎？」…等問題，請列出妳/你認為生命中需要達成的目標，想一想，為了達成目標有哪些事情需要先思考或規劃呢？

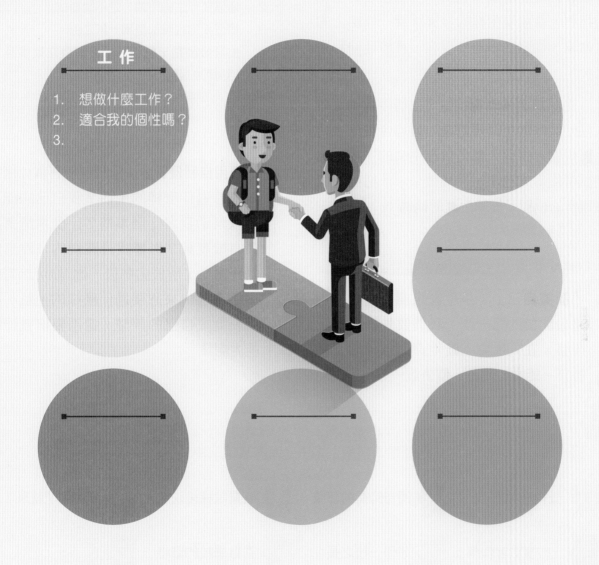

工作

1. 想做什麼工作？
2. 適合我的個性嗎？
3.

請就上面的問題，分類出 ① 哪些和自我認識有關？② 哪些和社會與環境有關？試著用不同顏色的筆標示出來，想一想，為什麼這些想法很重要？③ 哪些和妳/你未來的學習及就業資訊有關呢？

1-2 成為自己的生涯設計師

生涯是生命旅程的累積，有著平凡無奇的生活瑣事、也有高潮迭起扣人心弦的故事，個人經歷的點點滴滴，交織出真實的人生記錄，當我們回頭看、向前瞻，並關照當下的自己，注重自己生命經驗的意義，像說故事般把這些經驗整理出來，讓它成為重要的指引，會發現生涯的發展彷彿一條綿密的生命線，從過去串連到現在，且將延伸到未來。

生涯規劃強調獨特性、主體性與不可取代性，最好的生涯規劃是「最適合自己」的生涯規劃。每個人都是自己生命的主角，我們試著從「知己」、「知彼」、「把自己放在適當的位置」描繪生涯的輪廓：

大大樹tips

在嘗試規劃自己的人生旅程中，你會發現生涯有下列幾項特性：

1. 是一個完成自我認識的過程。
2. 涵蓋了一生的時間，是不間斷的。
3. 每個人的經驗都是獨一無二的。
4. 生涯發展是一個自我認識與外在環境互相調和的過程。

Step.1 知己

1. 「**認識自己**」：是生涯規劃最重要、也是最開始的第一步，我們要先透過自我覺察，在人生中不斷地探索自己的人格特質、能力、興趣、價值觀…等。

2. 「**善用自我優勢**」：清楚自己喜歡什麼？未來想過什麼樣的生活？我自己的能力可以幫助我做什麼事情？什麼事情讓我最有成就感？影響我最關鍵的一件事情是什麼？了解優劣勢後，妳/你可以想像一下自己未來想要過什麼樣的生活，如果要達成自己的夢想，還需要培養什麼能力呢？

想一想，為什麼妳/你會選擇進入技術型高中，而非普通高中呢？請就以下的原因做排序。

覺得有興趣	師母師長的建議	職業試探後決定	分數到了就來
比較喜歡實作課	想學一技之長	喜歡學校的環境	

妳/你在做決定的時候通常會先考慮什麼呢？

我喜不喜歡？ 我的個性適不適合呢？ 有沒有符合爸媽的期待？ 別人怎麼看待這件事？

如果妳/你已經開始思考這些問題，那妳/你已經開始使用生涯規劃的模式在想事情囉！

Step.2 知彼

　　我們在做選擇時，認識自己之後，也必須認識外在環境，才能在自己與環境的條件互相支持的狀態下，為自己的生涯做完整的評估。這部分又可分為：「資訊的蒐集」及「個人和環境的關係」。

1. **「資訊的蒐集」**：這部分包含了妳/你對於升學管道的了解、校系的探索、職業的認識、工作的發展趨勢、就業機會…等，在蒐集資料時，妳/你可以問問自己：我想要了解什麼？我該如何尋找資訊？我該在多久前開始蒐集資料？和這個問題相關的人事物是什麼？現在網路的發達，蒐集資訊已經不是一件困難的事情，除了自己上網蒐集資料外，也還可以透過訪談，實際瞭解工作者的親身經歷，或是可以參加企業參訪、職業試探…等不同的活動，來蒐集職業的相關資訊。

2. **「個人和環境的關係」**：生涯規劃除了考慮自己的狀態之外，國家的發展、經濟、環境、社會、家庭、師長、友伴…等各層面，其實都會影響我們的選擇，所以要能掌握時代脈動，審慎地評估環境因素帶給我們的助力及阻力，才能對我們的生涯規劃有幫助。

知己

- 我的生理條件
- 我的人格特質
- 我的能力
- 我的興趣
- 我的價值觀

知彼

- 學校的資訊
- 升學、就業的管道
- 行、職業的概況
- 社會經濟的發展
- 人力供需狀況

把自己放在適當的位置

- 了解生涯階段與角色
- 培養生涯決定的能力：分析、比較、做決定、計畫、行動。

Step.3 抉擇與行動

了解自我和外在環境後,接下來的任務是在自己生涯中的每個階段為自己尋找一個適當的定位,我們可以從以下二方面思考:

1. **「培養抉擇的能力」**:人的一生需要面臨許多選擇,不同的選擇方式也會造成不同的結果,每次決定將會影響個人的生涯型態與想過的生活。因此為了忠實反映自己內在的聲音與需求,勇敢地面對自己的生涯,學會用正確的方式做選擇也是很重要的喔!

2. **「培養生涯行動力」**:整合知己知彼所獲得的資訊,以善用決策能力,進而擬定行動目標,提升自我的生涯行動力。

大大樹tips

我們現在為自己做的生涯決定,可能會因為妳/你在不同的階段遇到不同的人事物而改變想法,也可能受社會、政治、文化、科技…等因素影響。所以為自己保持彈性的態度,勇敢地去實踐、適時的修正,才能讓生涯更加豐富與精彩。

1-3 技術型高中生的生涯任務清單

美國心理學家舒伯 (Donald E. Super, 1976) 認為:生涯發展指的是個人一生的活動與經驗的總和,不同年齡的身心狀況與需求,需要發展的目標及擔負的任務也有所不同。依照不同的年齡週期,把人的一生分為「成長」、「探索」、「建立」、「維持」、「衰退」等五大發展階段,每個階段都有其重要的發展任務。

成長期
0~14歲

1. 從家庭和學校中開始建立自我的概念。
2. 是個人能力、態度、興趣與需求發展的啟蒙。
3. 透過觀察、模仿來認識工作世界。

 探索期
15~24歲

1. 從學校、社團活動及各項工作經驗中進行工作角色的試探，也從活動中了解自己的興趣、性向、能力及價值觀。
2. 職業偏好逐漸偏向特定領域。

 建立期
25~44歲

1. 在工作上確立自己的角色及職位。
2. 在工作中累積經驗，充實工作技能並培養升遷的能力。
3. 具創造的巔峰時期。

 維持期
45~65歲

1. 在職場上取得一定的地位。
2. 維持既有的成就，開始準備退休計畫。

 衰退期
65歲以上

1. 身心的狀態逐漸衰退，需改變工作及生活型態。
2. 退休逐漸適應隱退生活，開始發展新的角色，或是規劃在工作時無法完成的夢想。

　　畢業後，我想像的未來生活會是什麼樣子呢？成長的環境對我高中三年的影響又是什麼呢？我在技術型高中三年的學習生活裡，我可以做哪些事情，可以成就我自己的未來呢？

　　技術型高中階段的妳/你，正處於在生涯的「探索期」，透過不同的活動、專題、社團、比賽等經驗中去發現自己的興趣、能力、職業偏好的類型等，並透過不斷的嘗試，讓自己的未來想像更加具體。一起來看看高中三年需要完成的任務，找到自己的方向。

　　請想一想，除了這些任務之外，我還想完成哪些事情，讓我成為二十年後我想成為的樣子呢？

高一　新鮮人起步期
- 奠定學科基礎
- 在專業課程中，探索自己的興趣及能力
- 蒐集自己的學習紀錄（建立檔案）
- 參加社團，拓展其他生活經驗

高二　穩定前進期
- 考取證照
- 訂下具體的升學目標
- 參加校內外活動及技藝競賽
- 充實專業知識及技能
- 培養休閒習慣抒發壓力
- 了解與所學專業相關的職場資訊

高三　努力衝刺期
- 訂下讀書計畫
- 思考及確認未來方向
- 準備備審資料及面試資訊
- 工作場所實習
- 學習調適考試壓力
- 修習專題製作課程

未來　我二十年後的模樣

例如：成為工程師、跨國工作者、街頭藝人……等。

看見未來多元的生涯類型

在過去，臺灣年輕人的生涯經驗裡，高中畢業讀大學、大學畢業後繼續深造或是找一份穩定的工作、幾年之後成家生子，買房、買車，為子女教育而奮鬥，似乎已是多數人對於生涯既定的印象，似乎只要照著既定的道路前進，就是獲得幸福人生的保證。

但 21 世紀的現在，網路、媒體、學習管道的暢通，生涯成了一種獨特的個人生命經驗的體現，思考「我想過什麼生活」「我想成為什麼人」，成了發展重心，適時調整生命中人生事件發展的前後順序及比重，呈現出更多元的生涯面貌：

01 無邊界生涯

經常轉換不同組織或地點，例如：許多的木匠、工程人員，不只為一個雇主服務，而是經常轉換自己的工作地點及對象。

02 多變化的生涯

以個人天賦為基礎，能周遊於不同公司或成為特聘的專業人員。例如：企業顧問人員可針對不同的公司提出建議，幫助其改善經營方針，但不只為單一公司服務。

03 萬花筒生涯

除了工作以外，工作、休閒、生活會按照個人的需要更彈性的安排。例如：喜歡出國旅行的人，可同時兼代購事業及滿足個人旅遊興趣。

04 組合式生涯

不只有一份工作、一位雇主，因為個人專長不同可能有多份工作。例如：有些醫師因為自己的興趣，除了本業外還擔任不同主題的講師（知識行銷、親子教養...等）。

05 個性化生涯

依個人的興趣、特質、專長發展出獨特適合的生涯方式。例如：學霸主持人曾博恩在學術路上中途轉彎，因喜歡研究「搞笑」，一頭栽入單口喜劇的世界。

06 主體性生涯

不重視客觀的成功生涯標準，追尋獨特的生涯主題與意義。例如：賣菜阿嬤陳樹菊，長年捐出賣菜所得，致力於社會公益事業。

大大樹
動動腦

想一想，妳/你嚮往自己的生涯是什麼樣的呢？為什麼？

資料來源：黃素菲(2016)，後現代的幸福生涯觀：變與不變的生涯理論與生涯諮商之整合模型。教育實踐與研究，29:2，頁137-172

1-4 從故事出發　點燃感動與影響的火花

多采多姿的生涯角色

還記得以前寫過的作文「我的志願」嗎？小時候想法天馬行空，有人想當企業家、工程師、藝術家、獸醫，有人想當網紅、歌手等，不管妳/你寫的志願是否會達成，這些都屬於妳/你在社會上想要扮演的角色。

在人生的舞臺上，每個人會因為不同的生涯發展階段，而有著不同的生活，在這些不同的生活裡，每個人必須扮演屬於自己各式各樣的角色，也必須完成這些角色被期待的任務；因此這些角色我們稱之為「生涯角色」。例如在家中我們是「子女」或「兄弟姊妹」的角色；在學校裡我們扮演的是「學生」、「幹部」或「同學」等角色。美國心理學家舒伯 (Donald E. Super) 整合了人的一生必須扮演的九種主要的角色，分別為：兒童、學生、休閒者、公民、工作者、夫妻、家長、父母及退休者。

探索活動　　浩克的一天

浩克就讀臺北某技術型高中一年級，這個角色是 _____。

浩克的家中成員有：爺爺、爸爸、媽媽，還有一個讀國中的弟弟，因此浩克在家中扮演的角色是 _____。

浩克在學校參加了吉他社，因為在社團內表現良好，也常常參與社團內的活動，又有責任心，所以被提名為社長，這個角色是 _____。

放學後浩克也閒不下來，一星期有三天會到學校旁的便利商店打工，所以這個角色是 _____。

在打工的時候浩克認識了一個自己喜歡的女生，也很順利地告白成功，兩人交往後，浩克又多了一個 _____的角色。

看完浩克的例子後，想一想，在妳/你的一天中有出現哪些角色呢？

細細品味家庭大小事

家,是我們來到這世界的第一站,我們在這裡受到照顧,也受到影響。許多時候,家,成為我們一生中必須承載的負荷,但卻也是永遠心中最牽掛,也最在乎的地方。我們,不一定都能有機會成為別人的「父母」,但必定都曾是別人的「子女」,而且「子女」的角色通常比父母角色更資深。

所有的「子女」,和原生家庭都有著既深且厚的關係,和家庭之間無論是連結、衝突、和解都是個人生命中的養分;家庭成員對自己的期待,影響著我們如何看待自我的生涯選擇,家庭文化的氛圍,指引著我們對生涯探索的增強與限制,妳/你是怎麼看待家庭對自己的影響呢?家庭裡面發生的故事,是如何型塑妳/你這個人呢?在妳/你的成長經驗中,家庭的哪些人、事、物深刻地烙印在腦海中,對妳/你的意義又是什麼呢?

大大樹tips

原生家庭 (family of origin) 也是指個人出生後被撫養的家庭。個人的性格、生活習慣、價值觀、未來目標與情緒管理等,都深受與主要照顧者互動所產生的影響。

探索活動　　家庭角色百百款

每個人對家庭的觀察感受都是獨特的,當談起「我的家庭」時,妳/你會想到什麼呢?

1. 我的原生家庭成員有:

2. 請在家庭圖中,找到妳/你的角色並塗上顏色。

3. 請為妳/你的每個家庭成員,在圖上找出他們在家中的角色。

4. 想一想以下的問題,和一位同學分享屬於妳/你的家庭故事吧!

🫐 妳/你跟父親、母親的關係如何?他們的生涯如何啟發妳/你的生涯?

🫐 妳/你在家中扮演何種角色?這個角色如何影響妳/你的生涯期待與生涯決定?

🫐 妳/你知道家中成員曾經有哪些夢想或生涯期待?這些生涯期待從何而來?對妳/你的生涯有什麼影響?

這是我的 ＿＿＿＿＿＿＿，

在家裡的角色＿＿＿＿＿＿＿。

我覺得他對我的影響是：

這是我的 ＿＿＿＿＿＿＿，

在家裡的角色＿＿＿＿＿＿＿。

我覺得他對我的影響是：

這是我的 ＿＿＿＿＿＿＿，

在家裡的角色＿＿＿＿＿＿＿。

我覺得他對我的影響是：

這是我 ＿＿＿＿＿＿＿＿＿，

我在家裡的角色是 ＿＿＿＿＿＿，

因為：

這是我的 ＿＿＿＿＿＿＿，

在家裡的角色＿＿＿＿＿＿＿。

我覺得他對我的影響是：

這是我的 ＿＿＿＿＿＿＿，

在家裡的角色＿＿＿＿＿＿＿。

我覺得他對我的影響是：

這是我的 ＿＿＿＿＿＿＿，

在家裡的角色＿＿＿＿＿＿＿。

我覺得他對我的影響是：

填完上面的內容，請回想家中曾發生的故事，說說家庭如何影響妳/你：

回溯個人生命故事與展望

走過幼稚園、國小、國中，到現在成為一個高中生，回顧不同時期的自己：

「以前有哪些快樂的經驗呢？這些經驗如何影響自己？」

「妳/你選擇這所技術型高中的原因是什麼？和從前的經驗有任何關連嗎？」

「現在妳/你擁有什麼是過去沒有的？妳/你又期待未來能擁有什麼呢？」

生命可以客觀的存在，生涯卻是主觀的認定。藉由生命故事敘說主動思考自己的過去、現在、未來，以及相關的人、事、時、地、物的時候，有助於完成個人的生命經驗。藉由整理過去獨特的生命故事，找到現在生活經驗中的主題與意義，作為未來生涯決定時的內在指引，引導自我方向與努力的目標，做為生涯決策時的穩定核心。過去、現在、未來經驗的連結是一種「時序整合」。生涯故事說明了昨天的自己如何變成今天的自我，也將如何型塑未來的自我 (Savickas, 2005)，妳/你的每一個生命故事之所以珍貴，在於它的真實，真實的人和真實的故事細節，才能穿越時空的隔閡，為妳/你的生涯旅程帶來力量。

探索活動　　我的生命曲線

Step.1 請先幫自己已經歷的生命階段作分段。

Step.2 線上請寫帶給你正向感受的事件，越是正向的事寫越上面，線下請寫帶給你負向感受的事件。

Step.3 每個事件前請加上實心圓點。

Step.4 將每個事件依發生的時間順序連起來。

🌰 請妳/你從生命曲線中選一件對妳/你來說印象最深刻的經驗，敘述一下這件事情發生的經過。

🌰 承上題，這個經驗如何影響現在的妳/你？（個性、行事作風或訂下的目標…等）

🌰 敘述了這個重要經驗後，你/妳對它有不同的看法嗎？你會如何重新定義它呢？

🌰 在生命的歷程當中，我們會遇見許多不同的人，妳/你是否曾經感受過他人對妳/你的幫助？也許他沒有實際對妳/你做什麼，但他對妳/你的關心、一句簡單的建議，或許曾在妳/你的生命當中帶來了特別的意義，我們會稱這樣的對象是我們的「貴人」。請妳/你拿出一支紅筆，在線上標出貴人是在妳/你生命的哪個時期出現的。

1-5 生涯角色、生活型態與生涯彩虹的對話

從生活型態看見自己

在日常生活裡，常發現有人重視學業、有人重視人際關係、有人重視工作成就、有人重視健康、有人重視安穩、有人喜歡生活多一點變化與刺激…而妳/你呢？

深入整理完屬於自己的過去生活經驗、家庭的生命故事後，我們發現：在每一個不同的生命階段中，自己扮演著不同角色，角色間自然的轉換，形成個人獨特的「生活型態」，也反應了一個人的態度、價值觀或世界觀。

生涯角色在同一生命階段並非單獨存在，大部分時候，我們身上同時背負著多種角色，角色間的衝突與時間的配置，往往左右生活型態的展現，角色的取捨過程需要釐清自己真正重視、想要的生涯目標，每個人理想中的生涯樣貌不盡相同，妳/你想要成為什麼樣的人，生活型態就會依著妳/你所想的而展開。

從生涯彩虹關照未來

在每個成長階段裡，生涯角色的扮演與投入的時間都會影響我們的生活型態，但是生命歷程是一個連續不斷、環環相扣的過程。過去、現在、未來經驗的連結是一種「時序整合」。生涯故事說明了昨天的自己如何變成今天的自我，也將如何型塑未來的自我 (Savickas, 2005)。

舒伯 (Super, 1976) 將人一生的發展，歸納為三個層面，並提出生涯彩虹圖 (Life Career Rainbow) 的概念，用以表示我們一生中在不同年齡所扮演的不同角色，以及不同的投入程度，加深與加廣生涯角色與生活型態的豐富性。

從「生涯彩虹圖」裡我們可以看到隨著年齡的增長，我們所扮演的角色會有所不同。舉例來說，在求學階段的青少年可能扮演的角色有兒童（子女）、學生、休閒者；中年階段，所需扮演的會是公民、工作者、家長、父母等角色。圖上的陰影則表示在不同時間每一個角色投入的程度；陰影部分越多代表該角色所投入的時間也越多，空白越多表示該角色投入程度越少。

舒伯認為每個人所扮演的生活角色，在不同生涯發展階段，會有不同的長度、廣度與深度。每個角色的轉移及多種角色的扮演，如同彩虹色彩豐富迷人，彩虹圖中顏色區塊有消長的現象，這也代表每一階段角色扮演的比重有所不同。

大大樹tips

「生活型態」指的是一個人（或團體）生活的方式，透過生涯角色組合的適當安排，才能達到自我實現的目標。因此在有限的時間與精力下，調整每個角色在生活中的比重，是一項重要的人生課題喔！

（時間）
長度
指一個人的年齡或是生命的週期，通常分為：成長、探索、建立、維持、衰退五個階段。

（範圍）
廣度
指一個人終其一生所扮演的不同角色，如：兒童、學生、休閒者…等。

生涯彩虹

（投入程度）
深度
指一個人在扮演每個角色時所投入的程度。

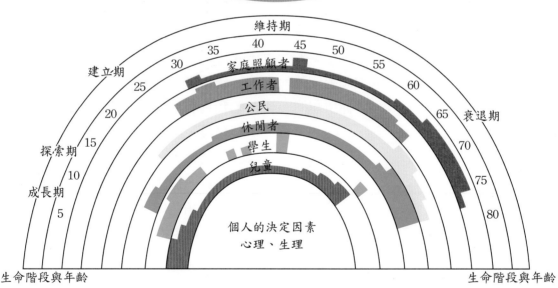

維持期
35　40　45　50
建立期
30　　　　　　　55
25　　家庭照顧者　　60
工作者
20　　　公民　　　65　衰退期
休閒者
探索期　15　學生　70
10　　兒童
成長期　　　　　75
5　　　　　　80

個人的決定因素
心理、生理

生命階段與年齡　　　　　　　　　生命階段與年齡

資料來源：Super. D. E. (1990). Alife-span. life-space to career development. In D. Brown & L. Brooks(Eds.) Career choice and development(p.212). San Francisso : Jossey-Bass.

大大樹
動動腦

請妳/你從生涯彩虹圖任選未來的一個階段，想一想：

在這個階段最重要的角色是什麼？生活樣態有可能會是什麼？我喜歡這樣的生涯角色配置嗎？如果可以自由發揮，我希望過的生活是什麼樣子？

探索活動　　**我的彩虹我來畫**

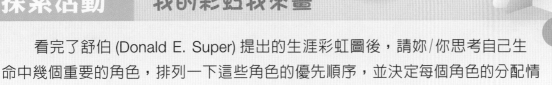

　　看完了舒伯 (Donald E. Super) 提出的生涯彩虹圖後，請妳/你思考自己生命中幾個重要的角色，排列一下這些角色的優先順序，並決定每個角色的分配情形、投入程度，接著試著在彩虹圖上建構出屬於自己的生活型態。

Step.1　　請先準備幾支色筆。

Step.2　　彩虹圖上的數字代表自己一生的年齡。

Step.3　　請在內圈中寫上自己目前與未來將扮演的角色。

Step.4　　請參考彩虹圖，逐一思考每個角色在不同年齡所占的時間比例與重要性，並用色筆標示出來。顏色的消長代表每個角色投入的程度，顏色越滿表示角色所投入的時間、精力越多。

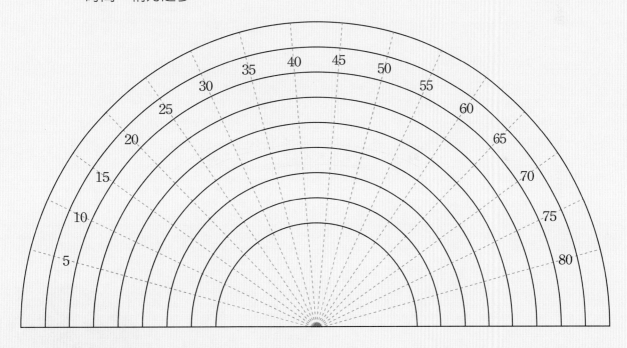

　　畫完屬於自己的生涯彩虹圖後，和同學分享並想一想，這些角色的組合與生活型態的呈現，會為妳/你帶出怎樣不同的生命經驗與視野呢？

🐘 在我的生命歷程裡，曾經出現過哪些角色？

🐘 每一個角色，對我的意義是什麼？

🐘 這些角色之間彼此的關連是什麼？

🐘 哪些角色有可能成為我的生命重心呢？

🐘 未來我希望可以增加哪些角色？為什麼？

19

遇見百分百的自己

02
CHAPTER

你的起點，無法決定你人生的最終走向，
從現在開始，你可以重新認識自己、自製你的精
采人生。
只要你願意，發現天賦永遠也不遲！

「但你，你是最獨特的。」

But you, you're one of a kind.

— 《鐘樓怪人 (The Hunchback of Notre Dame)》

能阻止我追夢的，只有我自己

HowHow的頻道最大特色是製作一人分飾多角的搞笑業配影片，一人包辦從腳本、拍攝、表演到剪接的全部工作，影片對白夾雜大量動漫、卡通、電動、鄉民用語，在片中總是一臉正經、卻講一些胡說八道的無厘頭對白，是嫌惡感很低的業配YouTuber。

楊煥世／攝

在片中完全是個廢宅的陳孜昊其實是非典型學霸，國中沒考過全校第二名以外的名次，師大附中、政大經濟系、留美碩士，而且會鋼琴、爵士鼓、吉他、玩樂團，那些該玩該看的卡通、動漫、電動也都沒錯過。求學路上看似勝利組的陳孜昊，上高中後卻對未來迷惘，直到大學畢業「棄商從影」赴美讀視覺特效後，做自己喜歡的網路影片創作者。

國中課業壓力大，陳孜昊唯一的目標是突破基測高牆，大人說「考上好高中，就有光明前途」，由於媽媽嚴格督促功課，他成績一直很好。高中他從金山鄉下到市區念師大附中，他發現再怎麼用功都找不回過去念書的自信，「一件事如果做得沒自信，就不會有熱忱想要念更多。」後來他去補習，考上政大經濟系。念政大時認識了一群好朋友，開始在課餘瘋狂拍片，成為他人生轉捩點。陳媽媽回憶，兒子念大學，沒聽他講過經濟系的事，一天到晚在聊拍片。

大五到美國當交換學生延畢一年，陳孜昊受到很大衝擊。他發現很多美國學生都念自己喜歡的科系，只有他一個人是念「分數剛剛好、完全沒興趣」的科系，他認真思考未來要做什麼、過怎樣的生活。電影「三個傻瓜」狠狠推了他一把，陳孜昊下定決心未來不管念研究所或找工作，都要走自己最喜歡的影像領域。

當完兵陳孜昊申請到美國念視覺特效，那時認識一些就業的學長相勸：「起薪兩萬五，確定要做這行嗎？」他卻一改從小對職涯「能不能賺錢」的考量，一股熱血的堅持。直到碩一接到人生第一個業配，研究所畢業後正式成為全職YouTuber。從人生迷惘到轉做YouTuber，他認清自己熱愛創作，不管做什麼都需要強烈動機。

「爸媽從我小時候就不會主動給我們建議，但是會輔助。」、「爸媽支持，讓我沒疙瘩，盡情創作，真的很幸運。」雖然從小媽媽嚴格要求功課，一個頂嘴會被爸爸扁，被逼著學鋼琴，一直到國中，週日晚上總是掃興地被迫提早結束玩樂行程回家寫參考書……但陳孜昊兄妹不會很怕爸媽，知道爸媽對他們很好，家人間很親密，「我爸常會說他想到一個超好笑的梗，叫我一定要拍，可是內容都很爛！」陳孜昊自認樂觀、單純的價值觀跟個性是來自家庭，因為爸媽從小讓他們生活穩定無虞。

對於家中有立志當YouTuber的爸媽，他建議，人的潛能需要自由摸索嘗試，假使從10歲拍到22歲，超過10年拍片經驗的累積、對影像的熟悉度就是別人拿不走的資產。從小到大無論學什麼技能，都是一種資產，「而你永遠不知道，這個技能未來會不會讓他們更厲害！」

—李宜蓁／親子天下雜誌

延 伸 思 考

看完了 HowHow 陳孜昊的故事，妳/你心中浮現了怎樣的想法呢？又或是照映出哪些與妳/你的生命經驗相似的熟悉畫面呢？

1 **HowHow說：「一件事如果做得沒自信，就不會有熱忱想要念更多。」**

妳/你會怎麼看這句話呢？一件能讓自己感到有成就感的事情，會支持我們做得更多、走得更遠。在 HowHow 的故事中，妳/你看見他做了哪些的準備？不斷努力的地方又是什麼？如果是妳/你，當妳/你要能夠做自己時，妳/你的準備與努力又會是什麼呢？

2 **HowHow在他去美國交換學生的過程中，發現很多美國學生都念自己喜歡的科系，只有他一個人是念「分數剛剛好、完全沒興趣」的科系。**

如果是妳/你，在選擇未來生涯之路時，妳/你會考慮的因素是什麼呢？妳/你會先考慮實務的條件，還是堅持自己的興趣、做自己喜歡的事情？抑或還有其他可能？為什麼？

3 在 HowHow 的故事中，父母給予的支持及陪伴，成為了他追求夢想的動力。其實每個人的家庭都有滋養我們生命的養分。請看看妳/你的家庭、妳/你的父母，想一想，家庭給予妳/你的滋養是什麼呢？而因為妳/你的家庭，妳/你又如何與別人不同呢？

我是誰？

 生理我

我是一個很高、動作很快的人

 心理我

我覺得我是個重要的人，跟他人在一起時，我有很好的領導能力，平常喜歡聽音樂、看電影。

生理我
1. 對自己的身體、外貌、健康狀態、動作技能的感受。

社會我
2. 指一個人在與他人相處時，對自我的處世能力與價值的看法

社會我 </br>
在團體中我通常是大家的開心果。

3. 心理我
指一個人對於自我的價值感、能力、興趣的評價，大部分來自以前的經驗。

4. 道德倫理我
指自己對道德價值、宗教信仰與善惡是非的認定。

 道德倫理我

我最在意的道德價值是「誠信」，我覺得這是人和人相處時最不可或缺的部分。

5. 家庭我
指一個人早期的成長經驗對人的影響。

 家庭我

在家裡，我通常是個連結大家感情的人，家人都很喜歡找我講心事。

「自我」包含了個性特質、興趣、能力、價值觀，也包括了如何處理人際關係、做事態度與生活目標的評價。

2-1 解讀我的性格密碼

我是誰？

「生理我」、「心理我」、「家庭我」、「社會我」以及「道德倫理我」構成了認識自己的重要核心，也對於我們如何展現生命，帶來必然的重大影響。

人們，雖然想要了解未來，但卻往往忽略去覺察自己。要了解自己，不外就是了解自己的人格特質。印度有句名諺：「播種性格，收穫命運。」命運並非機遇，而是一種選擇。行動養成習慣，習慣形成性格，性格決定命運。

獨特的個人風格

在日常生活中，當妳/你用形容詞來形容自己或是別人的時候，這些形容詞就是指一個人的「人格特質」，有時候我們也稱為「個性」、「性格」，某些人格特質之間具有相當的關連性，例如「活潑」、「開朗」、「熱情」的人通常也會較為「積極主動」，因此也常具備較佳的「溝通能力」，人格特質並沒有好壞之分，隨著生命的豐厚，會逐漸形成一套個人獨特的風格，越能找到自己的優勢特質在天賦領域發揮，朝最適合的方向前進。

大大樹tips

人格特質是一個人在生活中對人、對事、對自己、對外在環境所表現出來的一致性因應方式，每個人在成長歷程中，受到生理、遺傳、家庭教養、文化規範、學習經驗等因素的交互作用所影響，形成自己的獨特個性，在不同的情境中表現出特定的氣質。

探索活動 我的不同面向

🐛 根據p.27提供的「個人特質清單」，請在下面不同的情境當中，分別寫下三個妳/你最常出現的特質：

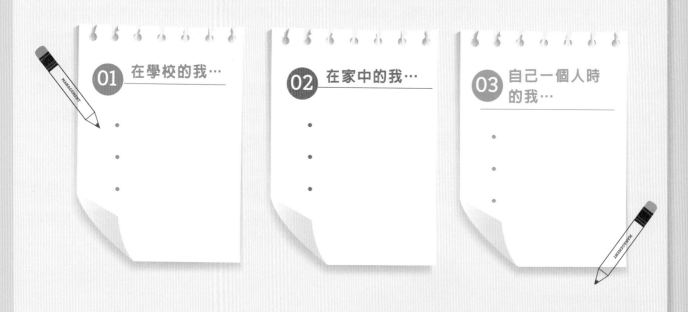

01 在學校的我…

02 在家中的我…

03 自己一個人時的我…

寫完後，請想一想：

🐛 根據「個人特質清單」，想一想，除了上面已寫下的這些特質外，我還擁有哪些特質？

🐛 邀請五位同學分享他們對妳/你的認識，並且請同學勾選三項妳/你的特質，並說明原因。

🐛 聽完同學的分享後，我對自己有什麼新的認識？

有自信的	善於合作的	耐心的	機智的
友善的	慷慨的	有恆心的	善解人意的
有主見的	富創意的	敏感的	正直的
開放的	理性的	含蓄的	有效率的
負責任的	謙虛的	內向的	精力充沛的
坦誠的	拘謹的	服從的	追求刺激的
有秩序的	不愛出風頭的	堅強的	外向的
簡樸的	喜為旁觀者的	喜複雜事物的	重氣氛、情調的
善分析的	謹慎的	好奇的	樂觀的
助人的	能站在他人立場的	具想像力的	善表達的
衝動的	獨立的	自我反省的	喜說話的
好冒險的	易討人喜歡的	具雄心大志的	善交際的
積極的	有教養的	關心人的	親切的
冷靜的	無憂無慮的	草根性的	有原則的
善變的	能適應的	深情的	均衡的
有勇氣的	有領導力的	奉獻的	依賴的
熱心的	容易相處的	有彈性的	辯才無礙的
有決心的	高貴的	有規矩的	靠得住的
豁達的	性情中人的	有人情味的	認真的
溫柔的	善社交的	真誠的	能幹的
理智的	仁慈的	幽默感的	無動於衷的
客觀的	心胸寬大的	稜角分明的	有風度的
有判斷力的	生氣勃勃的	有說服力的	有禮貌的
慢條斯理的	自助的	害羞的	口風緊的
值得信任的	強壯的	圓滑的	浪漫的
敏捷的	悠哉的	寧靜的	通曉人情的
有條理的	滿足的	聰明的	直率的
天真爛漫的	大方的	節儉的	才氣橫溢的
主觀的	有公德心的	實際的	毫無保留的

個人特質清單

2-2 用興趣喚起生命的熱情

「把一件事做到極致，就會創造傳奇！」這是馬祥原奮鬥過程的深刻體會。馬祥原憑著一股對汽車鈑金的熱愛及不服輸的精神，在南韓首爾奪得國際技能競賽個人與團體雙金牌，之後前往中國大陸以他的汽車鈑金技能創業，德國奧迪汽車把中國大陸四百個服務據點的汽車鈑金培訓合約，獨家簽給馬祥原。奧迪還表明，馬祥原到哪裡，奧迪的合約就跟到哪裡，造就了汽車鈑金業的「馬祥原傳奇」！

興趣是學習的燃點

馬祥原的奮鬥過程和成功經驗，說明了找到自己的興趣和潛能，認真專注地去做，勇敢挑戰極限，終將有美麗的果實；素有「臺灣流通業教父」之稱的徐重仁先生也曾說：「比成功更重要的是，做妳/你自己有興趣、有能力，也肯努力去做的事。」

常見的興趣可以分為兩種：

1. 休閒活動興趣

這是一種在課餘或是閒暇時所從事的活動，如打球、上網、看電視、打電動、看小說、看動漫…等活動，這些興趣是用來放鬆身心，或是打發時間，和未來所從事的職業比較沒有直接的關係，不過也有些人是從原本的興趣中，得到一些啟發，反而成為自己未來職業的參考。如大家耳熟能詳的醫生作家侯文詠等。

2. 興趣與職業的結合

當興趣和自己未來的工作結合度越高，個人的成就感也會越高，繼而產生正向的動能，願意對工作投入更多的心力。心理學家何倫(Holland, 1973)認為，相同人格特質的一群人，容易對某種工作產生興趣，他將人的特質與根據「與物接觸」、「與人互動」、「創意思考」及「資料處理」四大面向，歸納出六種類型的職業興趣，每個類型

大大樹tips

興趣會符合下列特性：

1. 是一種特別偏愛、關心的活動或事物。
2. 從事這個活動時會有愉快的感覺。
3. 完成它時會覺得滿足及自我肯定。
4. 透過後天的學習也可以培養興趣。

大大樹 動動腦

我平常最常瀏覽的網站是什麼？它最吸引我的部分是？

這個部分和妳/你過往生涯的連結又是什麼？讓妳/你想到哪些人、事、物？

這樣的經驗，帶給了現在的我、未來的我，什麼想法呢？

分別有它的行為表現，對照妳/你曾經做過的興趣測驗，一起來看看屬於妳/你的職業興趣吧！

在技術型高中的學習過程中，多樣化的課程裡就是幫助自己探索專業方面的興趣，有了專業的興趣，才能在自己的群（類）科中找到安身立命的位置、對學習產生熱忱，進而從自己學習的領域中得到成就感。

另外，很多時候在生活的經歷裡，也可以發掘自己的興趣，HowHow頻道的陳孜昊就是一個例子。興趣並不會因為憑空想像就能引發，當妳/你還找不到興趣時，就放手去嘗試吧！透過不斷練習與堅持，慢慢的累積生命能量，呼應心中的召喚，展開與自己的深度對話。

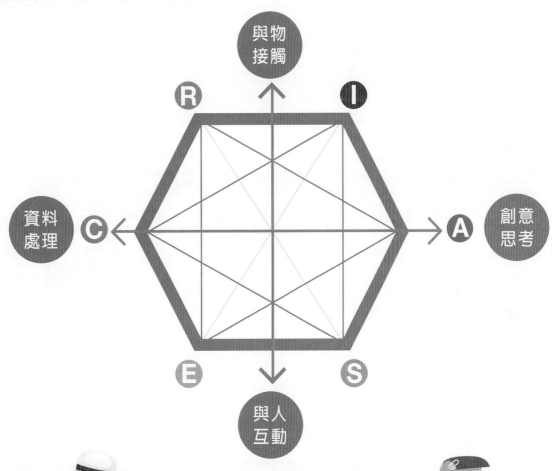

馬祥原

苗栗出生、育民工家畢業
2001年　在韓國奪得國際技能競賽個人團體雙金，保送台師大
2014年　與2位鈑金專業夥伴在北京成立公司，培訓專業汽修人才
2012年　起獲得德國奧迪汽車獨家簽署400個服務網據點鈑金培訓合約，線延伸至保時捷、林肯·克萊斯勒、瑪莎拉蒂等

徐重仁

長年擔任統一超商、統一流通次集團等多家公司的董事長，在他的經營之下，這些集團成為台灣流通業的龍頭，遂有台灣「流通教父」之名。

何倫的職業類型理論：

01 實用型(R) Realistic：

特 質	行為表現	職 業	代表人物
情緒穩定、有耐性、坦承直率	1. 喜歡在講求實際、需要動手的環境中從事規則明確固定的工作。 2. 較缺乏人際互動的能力。 3. 重視具體的事物。	運動員、農林漁牧者、土木建築人員、機械及電子操作技術人員等。	曾雅妮、吳寶春。

02 事務型(C) Conventional：

特 質	行為表現	職 業	代表人物
個性謹慎、講求規矩和精確、保守、服從、穩重、缺乏想像力	1. 做事按部就班、精打細算，給人有效率、精確又可靠的感覺。 2. 喜歡傳統性質的職業，不喜歡變動。 3. 文書能力及數字的能力較強。	出納、會計人員、行政助理等。	穆罕默德·約納斯。 (Muhammad Yunus)

03 企業型(E) Enterprising：

特 質	行為表現	職 業	代表人物
喜歡冒險競爭、有野心、較主動、有自信、精力充沛	1. 做事情有計畫並喜歡立刻行動。 2. 希望擁有權力去改善不合理的事。 3. 希望自己的表現被他人肯定並成為團體的焦點。	管理、銷售、經理、企業家、推銷人員、司法人員、政治人物等。	王永慶、安德魯·卡內基。 (Andrew Carnegie)

04 研究型(I) Investigative：

特　質	行為表現	職　業	代表人物
善於觀察、思考、分析、推理	1. 喜歡動頭腦，依自己的步調解決問題，並追根究柢。 2. 不喜歡別人給他指引，工作時不喜歡有很多規矩和時間壓力。 3. 對於解決問題的細節無興趣。	醫師、工程師、化學、數學家、天文學家、物理學家等。	愛迪生、 (Thomas Alva Edison) 愛因斯坦。 (Albert Einstein)

05 藝術型(A) Artistic：

特　質	行為表現	職　業	代表人物
直覺敏銳、善於表達、創新	1. 希望藉文字、聲音、色彩或形式來表達創造力和感受，不喜歡受拘束。 2. 喜歡獨立作業，但不喜歡被疏忽。 3. 和朋友的關係較為隨興。	作家、編輯、演員、畫家、音樂家、舞蹈家、設計師、造型師等。	許芳宜、 吳季剛。

06 社會型(S) Social：

特　質	行為表現	職　業	代表人物
對人和善、容易相處、關心他人的感受	1. 喜歡跟人互動、喜歡教導他人。 2. 喜歡大家一起做事、為團體盡心盡力。 3. 不喜歡競爭，交友廣闊。	教師、輔導人員、社會工作者、傳教士等。	陳樹菊、 馬拉拉‧優素福扎伊。 (Malala Yousafzai)

2-3 用能力打造自己的專屬舞臺

活用天賦，潛力變能力

愛因斯坦(Albert Einstein)曾說：「每個人都是天才。但如果妳/你用爬樹的能力評斷一條魚，牠將終其一生覺得自己是個笨蛋。」妳/你的強項是什麼？妳/你知道如何發掘它們，再進一步擴充成生涯的專業嗎？

我們在考慮生涯方向時，也必須回頭省視自己的能力取向，比如國中小學階段，做過性向測驗，理解到自己在哪些方面的能力較為擅長，而選擇技術型高中的不同科別，也可能是因我們在學科能力上的不同專長表現。換言之，學科成績是其中一種讓我們瞭解自己能力的方式，平常的生活或社團經驗也可以讓我們發現自己其他不同的天賦能力，例如語言、邏輯、空間、人際、音樂、肢體、觀察及內省…等能力。仔細想一想，當妳/你做哪些事情的時候，妳/你會覺得做得得心應手？能夠快速又正確的完成，甚至有更多超越的空間呢？

每個人都有專屬的天賦與才能，這些獨特且持久的先天潛力，是個人最大的成長空間，也是未來生涯裡需要具備專業能力的基礎。善用自己天賦的人，經過後天反覆學習與練習後，培養的專業能力會更耀眼！

天賦才能　**知識學習**　**能力**　**技能獲得**　**不斷練習**

大大樹tips

能力是指一種常態活動中持續、近乎完美的表現，唯有瞭解自己在做某些事情可以週而復始、樂此不疲並表現傑出，才稱得上一種能力。

做擅長的事，讓自己無可取代

妳/你正在做的事，是自己的夢想嗎？妳/你目前所學，是否讓自己的能力或特質有所發揮呢？

在全球化浪潮的劇烈衝撞下，在有限的資源與時間裡，充分發揮自我的強項，加強知識和技能，集中心力做擅長的事，更容易找到自己生命的舞臺；例如，再平凡的

大大樹 動動腦

我的未來想做什麼？這件事情目前有人做過嗎？我觀察到其他人都怎麼做？

如果換成我來做，我身上有哪些能力是無可取代的？和其他人有什麼不同？

工作如賣麵包，同樣能誕生世界麵包冠軍吳寶春，籃球場上叱吒風雲的喬登(Michael Jordan)，也很難在高爾夫或棒球領域稱霸，其實，每個人的生涯地圖裡，一定都有最順手的那一片拼圖；現在的妳/你，正是檢視與探索自我的時刻，找出自己的與眾不同，無論環境如何變化，它將成為啟動生涯的關鍵能力喔！

探索活動　能力強項大解密

請看以下列出的幾項敘述，勾選出自己的能力：

1 表達能力

- □ 很會形容事物
- □ 大家喜歡聽我說話
- □ 會表達自己的感受
- □ 溝通能力強

2 操作能力

- □ 診斷或修復物品
- □ 組裝、拆解物品
- □ 正確操作許多機具
- □ 身體健康、擅長體力勞動

3 問題解決能力

- □ 可以處理突發狀況
- □ 應變力強
- □ 快速地做出決定
- □ 蒐集資訊解決問題

4 人際親和力

- □ 敏感察覺他人心情
- □ 容易親近、友善
- □ 人際關係好
- □ 找得到人幫助自己

5 管理／領導力

- □ 公正無私態度堅定
- □ 擅長整合大家意見
- □ 能指揮及交辦進度
- □ 善於說服別人

6 內在動機能力

- □ 勤奮、自動自發
- □ 做事積極
- □ 企圖心強
- □ 禁得起失敗

7 美感／藝術能力

- □ 有藝術氣息
- □ 運用媒材表達情感
- □ 欣賞美的能力
- □ 寫出動人的文字
- □ 和人分享美的事物

8 邏輯分析能力

- □ 快速計算、估算數字
- □ 能發現數字的規律
- □ 以表格或圖形來呈現資料
- □ 細膩的推理能力

🌑 從上列勾選的能力中，我的強項是什麼？我是怎麼發現的？

🌑 我希望培養哪些能力，會對未來的生活有幫助？

🌑 想一想，我所擁有的能力能如何運用在我所學的專業上呢？

2-4 運用價值觀創造自我價值

價值觀是什麼？

每個人在面對人生中不同的選擇時，心中都有一套「獨樹一格」的考慮及評估標準，而這項標準會因個人賦予這件事情的意義及信念而有所不同。有人認為「財富」、「文憑」很重要，也有些人認為「快樂」、「健康」才是人生的重要目標，這就是個人價值的判斷，反映著我們對不同的人、事、物重視或排斥的程度。

價值觀的形成並非與生俱來的，而是透過社會環境因素、家庭因素及個人的成長經驗形塑而成的，在高中時期，學習、人際、社團、升學、校系選擇等都是個人價值觀與想法的展現，越清楚自己價值觀的人，越能為自己做出適切的選擇，進而掌握人生的未來的方向。

探索活動　　我的人生觀

想一想，當生命中出現不同的選擇時，妳/你會優先考慮什麼呢？請試著將下列選項按照重要程度排序，也可以在空白處增加選項。

身體健康　精神上的滿足　公平正義
做好事　安全感　獨立自主
與他人的良好關係　現實條件　持續進步

在排序的過程中，我可以很快做決定嗎？如果不是，是什麼原因讓我猶豫？

我認為最重要的選項是什麼？第二重要的是？第三重要的是？

想一想，這些選項在我生命中的意義是什麼？也聽聽其他同學的故事。

工作價值觀

價值觀左右一個人的生活方式，連帶影響對工作的看法，進而形成了工作價值觀。例如有人在意工作環境的優劣、有人希望可以獲得成就感、也有人重視在工作場合的人際互動等。進行生涯考慮的時候，必須將工作價值觀列入考量的項目中，因為這會間接影響一個人未來的生活型態。

舒伯(Super, 1970)歸納出15種工作價值觀，指出每個人的工作價值觀都不盡相同，

若能了解自己所重視的是什麼，在面臨工作選擇時，自然可以清楚做出最適合自己的選擇，進而提升對工作的滿意度。

大大樹tips

要如何檢視自己的「人生觀」與「工作觀」是否一致？最簡單的方法，隨時問問自己：「我在工作的時候，是否擁有熱情及感到開心？」

工作價值想一想

排序	名稱	說明
	智性激發	我能獨立思考、學習與分析事理。
	創造性	我能發明新的事物、設計新產品或是發展新的觀念。
	管理	我能賦予個人權利、策劃並分配工作給其他人。
	成就感	我能看見自己努力後的具體表現，並從中獲得滿足感。
	工作環境	我能在不冷、不熱、不吵、不髒的宜人環境下工作。
	審美	我能製造出美的產品，使世界更美好，並增加藝術氛圍。
	獨立性	我能以自己的方式進行工作，不會受到太多規矩的限制。
	聲望	我能提升個人的身分名望，感受到別人對我的重視、尊敬。
	安全感	我能使生活有保障，不受經濟景氣影響、不會擔心隨時沒工作。
	經濟報酬	我的收入可以讓我的生活覺得愜意，有足夠的能力滿足自己的需求。
	與上司關係	我能與主管不卑不亢且融洽相處。
	生活方式	我能選擇自己的生活方式，自我實現。
	與同事關係	我能和志同道合的夥伴愉悅共事。
	多變性	我的工作不會一成不變，能嘗試不同內容、富於變化的工作。
	利他主義	我能為社會大眾謀福利，感受幫助別人的快樂。

- 看完以上的價值觀，如果依照目前的重視程度，我會怎麼安排呢？
- 想想看，有哪些原因讓我排出這樣的價值觀順序？
- 我的人生價值觀與工作價值觀有什麼相似或相異之處呢？
- 前面的章節討論了興趣、能力，在這章我們也整理了自己的價值觀，從這三個部分來看，他們的共同之處在哪裡呢？

2-5 從生涯信念找到人生態度

從自己做起，我就是力量

　　每個人都是自己生命故事的作者，在回顧個人成長經驗時，對於生涯選擇或職業決定時，常抱持著一些特有的想法、觀念和信念；例如在面對人生中不同情境時，心中想著：「只要我夠努力，一定會成功！」或是「只要念對科系，就可以找到好工作」、「啊！這我一定做不到！」…等類似想法時，其實就是對自己本身能力的認識以及未來發展的假設，而這些假設，通常來自自己的生命經驗，或是跟他人比較的結果。例如：長時間在學校的表現不錯，課業的進步通常可以達到預期，那在面對未來的想像時，較容易相信自己只要努力就能成功；相反地，一些負面的信念，往往來自於生命中的挫折經驗，甚至容易影響自己的情緒或行為。

　　妳/你想過什麼樣的人生呢？信念是一種力量，態度是一種作為，改變自己看待事情的方式和態度，進而改變自己的行動，也會影響問題的結果。

找出我的生涯信念

　　從補習班名師轉戰廣播、電視舞臺的于美人認為，自己今日能有所成的主要關鍵在於：從小面對事情絕不敷衍、逃避。她珍惜每一段經歷，認真對待生命。這是她一直抱持的信念，也影響了她學會珍惜每份機會，那妳/你的生涯信念是什麼呢？有沒有什麼信念是一直影響妳/你的呢？

　　成功的力量，一直都在自己身上，不要讓環境來定義「妳/你是誰」、「妳/你做的事」，心理學中有個「自我實現預言」的研究，這個研究發現「妳/你怎麼想自己，就會成為那樣的自己。」如果妳/你相信自己可以達成自己的目標，往往成功的可能性也就越大唷！

　　想一想，我未來想要過怎樣的人生呢？如果我們現在搭上了時光機，到達30歲那年，30歲的我，現在是個什麼樣的人呢？請完成我的未來名片。

介紹自己

　　我是＿＿＿＿＿＿，我今年30歲，目前在公司擔任＿＿＿＿。這是一份需要＿＿＿能力的工作，並且符合我的興趣，它也符合了我對工作部分的期待，我可以完成我從小的夢想，是因為我抱持著＿＿＿＿＿＿＿的信念，這個信念支持我一步一步走向自己的未來。

2-6 從學習歷程檔案說自己的故事

前面我們討論了自己的興趣、能力，還有影響我們深遠的價值觀後，你有想過這幾個項目跟我們的生涯有什麼關係嗎？我們可以從生活中的哪些面向來找到蛛絲馬跡呢？其實可以在學校蒐集自己的學習成果，把高中階段的各項資料集結起來，變成我們的學習歷程檔案，從中來看見自己不同的樣貌，透過資料的整理，也許也能發現一些自己沒有注意到的小驚喜。

學習歷程檔案的功能是幫助我們展現個人特色和適性學習的軌跡，用多元的資料來補充考試無法呈現的學習成果，同時技術型高中階段的歷程檔案也可以用於大專校院的申請或甄選入學。

學習歷程檔案的內容包括學生基本資料、修課記錄、自傳和學習計畫、幹部經歷或競賽成果等多元表現、實作作品或書面報告等課程學習成果，以及大專校院指定審查的其他資料。學習歷程檔案讓我們能在每個學期逐步整理跟自己相關的資料，並檢視自己的學習狀況及個人成長。

以下介紹「曼陀羅九宮格」的思考方式，來整理我們的學習歷程檔案，曼陀羅是一種圖像化的思考模式，透過圖像化可以讓我們對於主題所延伸的內容一目了然與加深記憶。

大大樹tips

（水平思考＋垂直思考）×多層次九宮格運用＝兼具廣度及深度的曼陀羅思考法。

曼陀羅思考法是訓練腦力、思考邏輯的圖像化工具，可以激發聯想力、邏輯力和創造力。

學習歷程檔案中應呈現的是多元的自己，以下每個類別中，列出幾項妳／你可以為自己做準備的項目，九宮格中也留了幾個空白，讓妳／你可以填上沒有提到的部分。

學習歷程檔案 – 曼陀羅九宮格思考法

- 將自己的資料表格化後，我覺得自己的學習經歷豐富嗎？有什麼是我能多做的呢？
- 在我的簡歷表中，如何呈現我的特色？

個人資料	興趣	專長
	基本資料	求學歷程
	獲獎紀錄	幹部經驗

基本資料

- 我擁有哪些經歷或能力，是其他向度無法描述的？

	其他特色資料	

其他特色資料

- 我想在高中三年選修哪些課程？
- 這些課程和結果對我的意義是什麼？

選修課程	成績單	期中考成果
	修課紀錄	

修課紀錄

專題製作

- 我希望如何呈現專題製作？
- 從專題製作的過程中，我對自己有哪些不一樣的認識？

	專題製作	

家庭背景	個性特質	興趣
	自傳	專長
求學歷程	我的信念	我的亮點

- 我會怎麼說自己的故事？
- 從過去生命的歷程中，我發現和未來生涯的連結是什麼？

自傳

swot分析	未來目標	高中求學規劃
	學習計畫	近程目標（備審資料）
	遠程目標（備審資料）	中程目標（備審資料）

- 我需要收集哪些和自己目標校系相關的資訊？
- 我在學習上的優劣勢、機會及威脅是什麼？

學習計畫

實作作品	書面報告	實習報告
	課程學習成果	課程紀錄

- 從課程學習成果中，我發現自己的進步是什麼？
- 我感到最有成就感的部分是？

課程學習成果

多元表現

社團參與	幹部經歷	校外活動
	多元表現	參與競賽
志工服務	語言證明	證照考試

- 除了學校的課業之外，我還參與哪些活動、競賽？
- 從參加的活動中，發現自己的興趣或專長是什麼？

情緒與人際
的圓舞曲

03
CHAPTER

人生就是來渴望建立關係的，迷航的人尤其是，我們用叛逆的姿態逃跑，但我們仍然必須與自己，與人，與世界建立關係，才找得到自己的存在位置。

「哭泣，讓我能緩下腳步來，更好地感受人生難題的重量。」

Crying helps me slow down and obsess over the weight of life's problems.

——《腦筋急轉彎 (Inside Out)》

真正的勇敢，是從創傷中重生

2007年底，英國獨立電視臺拍攝紀錄片「J. K. 羅琳：輝煌的一年(J.K. Rowling: A Year in the Life)」，製作人詹姆士·倫希問這位當今世上身價第一的暢銷女作家，此生最欣賞的美德是什麼？羅琳毫不猶豫地回答，「勇氣。」

「人在經歷過戰爭或是災難後，要回到原來的生活很難，重建比摧毀困難多了，」面對鏡頭，她沒有保留地回應任何問題，「當然，讓生命結束是最俐落的結局，但在我心中，真正的勇敢是從創傷中重生。」

現實人生裡，羅琳一路走來的成長歷程，與她創作的冒險史詩《哈利波特》如出一轍，強韌地展現一個生命如何用愛與勇氣，挺身力抗黑暗與磨難，終而歷劫歸來。

1994年的聖誕節，羅琳剛結束一場短暫混亂的異國婚姻，窩居在英國愛丁堡一個沒有暖氣的公寓。她身無分文，還有一個嗷嗷待哺的小女嬰。加上母親因病早逝，與父親長年感情疏離，一次又一次渴求人生幸福卻不得的失落，瞬間如山洪爆發淹沒了她。羅琳得了憂鬱症。當時，她還不到三十歲。那段萬念俱灰的日子，自小好奇心濃厚的羅琳，甚至對事物失去感覺，也懷疑快樂是否就此遠去。

《哈利波特》裡，全身罩著斗篷，會吸走人們希望、幸福與生存渴望的「催狂魔」，就是在那段低潮時創作出來的。羅琳一度想尋短，所幸，摯愛的女兒救回她一命。每天早上睜開眼，羅琳看見一個小生命無憂地躺在她身旁，這一切是多麼神奇。她驚覺，自己必須為所愛的人活下去，於是開始向外求援，接受了九個月的心理諮詢治療。

在紀錄片裡，羅琳重回當年在愛丁堡的小公寓，那是她完成第一本《哈利波特》的地方。整整十年沒有再回到這間屋子，但當她一踏進去，眼淚就撲簌簌地直落。「在這裡，我的人生有一百八十度的大轉變」、「我在這裡找到了自己，雖然當時我的生活過得一塌糊塗，但反而因此得到解放！」我是個努力發揮才華的人！

「所以我立志要寫作，就寫了《哈利波特》，心想最糟不過是被退稿，怕什麼！」而當這枝彷彿施了魔法的想像之筆逸出牢籠，一寫就是十七年。至今，《哈利波特》全系列被翻譯成六十五國語言，全球賣出三億五千萬冊。

羅琳靠寫作解開自身封印，也擁有了她想都沒想過的財富與地位。從無名小卒翻身成為《時代雜誌》2007年的風雲人物，令人敬佩的是，她始終沒有背叛自己。就如同面對過往失敗，羅琳的態度從不遮遮掩掩。「那有什麼好丟臉的？我反而對於自己克服了這些困難，覺得十分驕傲！」

那段貧苦歲月她沒有忘記，更對當前人們漠視因為社會極度不公而引發的犯罪問題忿忿不平。於是，有資源的她，陸續捐了好幾百萬英鎊，還成立慈善基金會。愛與勇氣，讓一位單親媽媽變身奇幻女王，挺過生命的黑暗與磨難。

－宋東、吳昭怡/天下雜誌

　　J. K. 羅琳經歷了人生的低谷，但她走過低潮，不輕言放棄，以人生的逆境為糧，創作出了風靡全球的《哈利波特》系列小說。當我們面對創傷時，是否也能像 J. K. 羅琳一樣勇敢呢？

1

J. K. 羅琳說：「此生最欣賞的美德是，勇氣…在我心中，真正的勇敢是從創傷中重生。」

　　在妳 / 你的心中，妳 / 你最欣賞的價值是什麼呢？妳 / 你是透過什麼樣的經驗，發現這是妳 / 你最在意的呢？

2

J. K. 羅琳說：「我在這裡找到了自己，雖然當時我的生活過得一塌糊塗，但反而因此得到解放！」

　　當羅琳在低潮時，這樣的經驗反而讓她的人生產生了巨大的改變，妳 / 你怎麼看待她這段生命歷程？回到妳 / 你的生命經驗中，當遇到挫折時，妳 / 你通常會用什麼方法來幫助自己呢？

3

J. K. 羅琳說：「那有什麼好丟臉的？我反而對於自己克服了這些困難，覺得十分驕傲！」

　　有些人在面對壓力和困境時，會努力地尋找解決的方式；有些人可能會因此一蹶不振，從羅琳的故事裡，妳 / 你看見她擁有什麼能力，去克服她所面對的壓力和困難？回到妳 / 你的故事，妳 / 你發現或希望擁有哪些能力，幫助自己面對困境呢？

3-1 走進情緒森林

每個人都會有情緒，而且我們每個時刻其實都在表達著自己的情緒：高興的時候哈哈大笑、悲傷的時候唉聲嘆氣或是流眼淚、憤怒的時候可能會大吼大叫或是搥胸頓足、恐懼的時候會想躲起來縮成一團…等。我們在生活中時常與情緒相伴，情緒就像是影子一樣跟我們形影不離。但我們真的了解自己的情緒嗎？

如果提到情緒，妳/你最先想到的十個情緒字詞是什麼呢？請把它寫下來，並從中勾選出自己在生活中最常出現的三個情緒是什麼：

情緒是什麼？

情緒是指人們在生活中的喜、怒、哀、樂、愛、惡、憂、懼等心理狀態，是我們受到某些刺激後或在特定情況下，所體驗到各種不同的身體感覺。這些感覺可能輕微無比，也可能十分激烈，是每個人自己可知覺、可意識到的。

大大樹tips

容易和情緒混淆的概念有：

1. 感覺(feelings)：個人對情緒的主觀認識，由內心而發，因人而異。
2. 心情(moods)：妳/你所處的感情狀態，比「情緒」延續的時間長，感情波動不如「情緒」強烈。
3. 情感(affect)：一個籠統概念，有時包括情緒、感覺和心情，有時可以專指「情緒」。

請妳/你將自己最常出現的三個情緒寫在以下的表格，並思考一下通常是什麼情境下出現的呢？出現這個情緒時，妳/你通常會有什麼想法或反應？

情緒	出現情境	我的想法反應
1		
2		
3		

3-2 發現情緒與壓力的禾苗

我該怎麼管理情緒呢？

當情緒過於高漲時，有時我們會有被情緒牽著走的感覺，例如：High過頭、氣到失去理智、難過時哭到停不下來…等；也有些時候，我們會用不同的情緒來掩蓋自己真實的情緒，例如：難過的時候卻用生氣的方式來展現。不論情緒以什麼方式出現在自己的生活中，最重要的是能覺察自己的情緒，並用適當的方式表達出來。

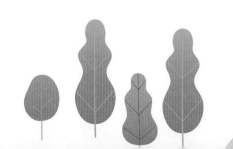

探索活動　　整頓我的情緒房間

　　每個人調整自己心情的方式不一樣，可以從以下不同的方式中，尋找最適合自己的情緒調整方式唷！

1　情緒轉一轉－轉移自己的情緒：

　　當情緒上來時，有意識地轉移話題，或是做一些別的事情來分散注意力，可以讓情緒得到緩解。例如在不開心的時候看一場喜歡的電影轉移心情。

我的經驗是：

2　情緒丟出來－宣洩自己的情緒：

　　如果有不愉快的事情或是委屈的事情，把影響心情的事找人吐露，例如可以找身邊信任的人訴說自己的心情，或是大哭一場釋放自己累積的感受。

我的經驗是：

3　語言控制法：

　　在情緒上來時，可以用一些提醒自己的語言，例如告訴自己「冷靜點」、「停一停」…等來穩住自己的心情。

我的經驗是：

4　環境轉換法：

　　當處在劇烈的情緒狀態時，可以先暫時離開激起情緒的環境，例如找個安靜的空間緩一緩，先不接觸讓自己產生負面情緒的人事物。

我的經驗是：

5　幽默化解法：

　　培養幽默感，用寓意深長的語言、表情或動作，用諷刺的手法，機智、巧妙地表達自己的情緒。

我的經驗是：

除了以上幾種我們在生活上可能已經使用過的方式外，美國心理學家艾里斯(Albert Ellis, 1993)提出的情緒ABC理論，指出我們的情緒反應(C)常常是由信念(B)影響而成，所以可以透過檢視自己在面對激發情緒的情境(A)時，究竟是出現了什麼樣的信念，找出原因，以幫助自己在處理不同事件時可以更好地掌握情緒狀態。

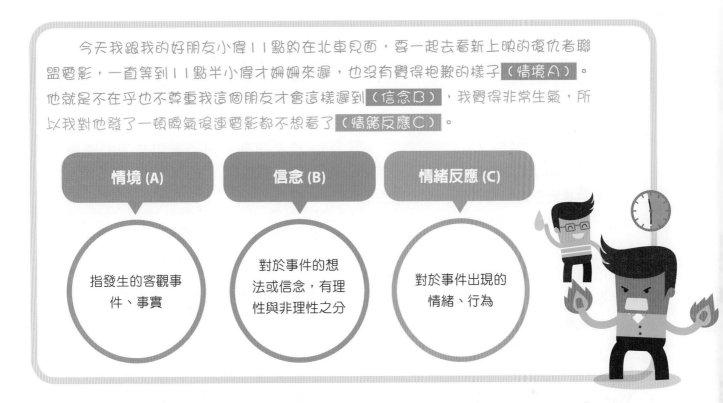

今天我跟我的好朋友小偉11點約在北車見面，要一起去看新上映的復仇者聯盟電影，一直等到11點半小偉才姍姍來遲，也沒有覺得抱歉的樣子（情境A）。他就是不在乎也不尊重我這個朋友才會這樣遲到（信念B），我覺得非常生氣，所以我對他發了一頓脾氣後連電影都不想看了（情緒反應C）。

情境 (A)	信念 (B)	情緒反應 (C)
指發生的客觀事件、事實	對於事件的想法或信念，有理性與非理性之分	對於事件出現的情緒、行為

艾里斯認為情境本身並不能導致結果，而是我們對這個情境產生的信念才造成不同的反應；如果想要改變不好的結果，必須先檢視我們對於這個情境產生了什麼樣的情緒反應，運用駁斥的方式來干預非理性思考，然後產生新的效果，以理性的思維模式取代不合宜的認知，就會對情境出現新的反應喔！

在這個例子裡面，因為「他不尊重我、不在乎我這個朋友」的信念，影響到了對這個情境的情緒反應，所以這個時候可以嘗試駁斥原本出現的非理性信念，來改變最後的結果。

今天我跟我的好朋友小偉11點約在北車見面，要一起去看新上映的復仇者聯盟電影，一直等到11點半小偉才姍姍來遲，也沒有覺得抱歉的樣子（情境A）。他平常不是一個會遲到的人，也許遇到什麼急事才會這樣（信念B），我應該聽聽他遲到的理由（情緒反應C）。

在改變了對情境的信念後，往往便出現了不同的情緒反應。情緒無關對錯，然而正確地察覺及辨識情緒可幫助我們避免衝突。運用艾里斯提出的情緒ABC，讓我們在面對情境時，可以停一停、轉個念，也許能獲得不同的結果唷！

壓力的反饋

壓力是一種中性的能量

除了上一節談到的情緒與生活息息相關之外，壓力其實也是影響我們心理狀態的重要因素。壓力是一種中性的能量，也是生物的本能，它讓我們內在可以檢測正在面對的挑戰與危機，如果運用得好，壓力可以成為我們前進的動力。電影《鋼鐵人(Ironman)》中，主角在面臨生死存亡之際，他經歷了死亡的壓力，於是沉靜下來運用智慧渡過危機，也讓他因此超越原本的自己，成為「漫威(Marvel)」中最強的英雄；但是如果壓力運用得不好，則可能會成為一個沉重的包袱，壓得我們喘不過氣。

壓力檢測線

在面對壓力時，可以嘗試不同的方法來幫助自己，例如當下應採取的作法或長久維持平穩心情，是不同的唷！我們可以試試：

1. 當下反應

🔅 暫停：停止當下讓自己產生壓力的事情。

🔅 遠離：讓自己暫時遠離壓力源，離開現場。

🔅 安全發洩：做一些讓自己能放鬆心情的事，或是用安全的方式發洩。

2. 長遠經營

🔅 培養運動習慣：善用身邊的資源，例如：爬樓梯、多走路，藉由運動來消除壓力。

🔅 培養休閒興趣：聽音樂、看電影、接觸大自然、從事嗜好活動等。

🔅 優質的睡眠：睡眠是健康的基本要素，擁有充足且優質的睡眠是健康的第一步。

🔅 尋求他人協助：除課堂上的學習機會外，針對自己的需求尋找合適的學習方式或更多的練習機會。

🔅 給予自己彈性：瞭解自己目前的能力，設定目標時，給予自己彈性的空間。

3-3 搭起人際的橋梁

「我的朋友怎麼忽然不理我了呢？」「我應該怎麼說才能讓人更清楚地理解我的意思呢？」「其實我對於這件事情有不同的想法，可是因為朋友的立場和我不一樣，所以我不敢講我自己的心裡話。」妳/你曾經出現過這樣的想法嗎？出現這些與人互動時的困擾，妳/你通常會怎麼做呢？

我們在生活中同時扮演了許多角色，在需要不同角色間切換時，怎麼拿捏合適的分寸與他人互動，就會變成了現實的一大考驗。求學階段的我們，在學校的時間可能遠遠多於家裡，跟同學、朋友的相處占據了一天中很長的時間，所以，人際間的相處也可能會是影響我們心情很大的因素喔！

我的溝通模式

先想一想，平常和他人相處時，我們通常都是使用什麼樣的溝通模式呢？在青少年階段，常常會因為人際互動和自我內在的不一致感到困擾，會在意自己的表現、在意別人對自己的想法或是想要符合別人的期待，比較不容易把自己真實的想法、感受一致地呈現。

有時我們在和他人互動時，會想著處理當下遇到的事情，偶爾會因此忽略了彼此的心情，但其實人際溝通的技巧，是要顧及雙方的心情、再談事情，同時兼顧了自己、對方以及事件三個面向的平衡，在這樣的基礎之下，溝通的效果會比較積極、正面，而且比較能夠創造雙贏喔！

簡單來說，人際溝通的三個要素是：自己、他人及情境。「自己」指的是「了解自己的困難、想法和情緒」。「他人」指的是能夠「同理對方的困難、想法和情緒」。

家族治療大師薩提爾(Virginia Satir)指出，當我們面對壓力時，會出現五種習慣性的反應或求生存的姿態，也就是五種人際溝通的型態，包括討好、指責、超理智、打岔及一致性。從下面的幾個問題中，來看看我們是哪一種溝通型態呢？

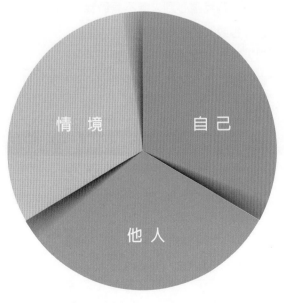

人際溝通的三要素，自己、他人及情境

探索活動　找出我的溝通姿態

閱讀下列敘述，並想一想日常生活中與他人互動時的狀況，再依符合狀況勾選相對應的分數。

請閱讀下列20句敘述，並依照目前的狀況來圈選符合的程度，從1「非常不符合」到5「非常符合」。	非常不符合	不符合	有時符合	符合	非常符合
1. 在與人的互動關係中，我會肯定自己、欣賞自己。	1	2	3	4	5
2. 別人覺得我會常說一些毫不相關的話，討論事情時很容易分心。	1	2	3	4	5
3. 與人互動時，我可以誠實地表達自己的感受與需要。	1	2	3	4	5
4. 我對事情有很多意見與想法，但較少有情緒反應或個人內在的感受。	1	2	3	4	5
5. 我會擔心破壞彼此的關係，因而放棄了自己的需要或想法。	1	2	3	4	5
6. 當我的想法和別人不同時，我會忽略然後假裝沒有這回事。	1	2	3	4	5
7. 當對方指責我的時候，我會轉移話題，模糊焦點。	1	2	3	4	5
8. 和人一起做決定時，我覺得有科學家或學者提供的資料才相信。	1	2	3	4	5
9. 和其他人發生衝突的時候，我覺得通常是對方的錯而不是我的錯。	1	2	3	4	5
10.我會盡量避免深入自己的情緒感受。	1	2	3	4	5
11. 我不敢不幫別人的忙，因為我怕他們會因此不理我。	1	2	3	4	5
12.當意見不同時，我會認為自己的意見比對方好而批評他。	1	2	3	4	5
13.與人討論事情的時候，我可以分享感受與想法，而不是只有描述事件。	1	2	3	4	5
14.在互動中發生問題時，我可以向對方表達我內在的真實感受。	1	2	3	4	5
15.我認為保持冷靜思考，理性客觀地處理事情才是最好的。	1	2	3	4	5
16.我不敢表達負面的情緒或感受，因為我擔心別人會不喜歡我。	1	2	3	4	5
17. 當我不想聽對方說話時，我會分心或改做其他的事情。	1	2	3	4	5
18.當人際關係有問題的時候，別人應該改變，我不必改變。	1	2	3	4	5
19.當發生事情時，即使我很在意，但口頭上會說沒關係。	1	2	3	4	5
20.當關係緊張時，對方應該先讓步。	1	2	3	4	5

溝通型態	請將下列題號之得分填入	得分
討好型	05.___ + 11.___ + 16.___ + 19.___	
指責型	09.___ + 12.___ + 18.___ + 20.___	
超理智型	04.___ + 08.___ + 10.___ + 15.___	
打岔型	02.___ + 06.___ + 17.___ + 18.___	
一致型	01.___ + 03.___ + 13.___ + 14.___	

我的溝通型態是：＿＿＿＿＿＿＿＿＿＿＿＿＿＿＿＿。

	討好型	指責型	超理智型	打岔型	一致型
溝通型態					
常出現的言語	沒有妳/你我該怎麼辦？ 都是我的錯。 我不能沒有妳/你。	妳/你們都是錯的！ 妳/你到底是怎麼搞的！ 妳/你都做不好！	妳/你說的是不合理的。 根據…說，這件事應該要…才是對的。	隨便，我都可以。	遇事有所感受和期許，可以誠實表達自己不喜歡的部分，願意聆聽他人、尊重自己和他人與情境。
常出現的行為	低姿態，道歉、懇求的神情，容易讓步，過度和善。	指責、批判、控制、憤怒。	只關心事情合不合理或正不正確。 僵硬刻板，喜歡提出建議，威權十足，頑固不肯變通。	會突然改變話題。 活動力過多或不足、不安定、爭取注意力、插嘴、打擾。	有活力、創造力、生命力、自信、接納、負責任。
帶給我的困擾	為了維持很無助、軟弱、討好的姿態，會耗費龐大的能量，容易引起很大的焦慮，容易有低落的自我價值。	在團體中這樣的溝通方式會最為明顯，在上位者（老闆、上司）有絕對的主導地位，他人往往會被忽略，工作是否能順利完成會變成首要的考量。	因為內在的情感刻意要保持冷靜，絕不慌亂，所以會一直壓抑自己，長期下來會造成身心的後遺症，容易出現強迫心理、社交退縮等。	內在很容易出現疏離感、無力感及脫離現實感。	高自我價值、懂得欣賞自己、接納自己與他人的獨特性。
帶給我的正面幫助	關心別人、對別人的需求敏感。	有領導才能、表面上很有自信，自我肯定。	很理智，可以就事論事。有解決問題的能力。	會讓人覺得有趣、富有創造力。	能夠自我覺察、負責任的、開放的、關懷自己與他人。
與人互動的方式					

如果妳/你是偏向前四種的溝通型態，要怎麼讓自己慢慢轉變為一致型呢？薩提爾在提出這個理論時，並不是要求一個指責型的人不要指責、超理智型的人放棄他的道理。而是希望在原本擅長的模式中，增加其他的長處，例如：討好型的人，可以學習輕鬆地看待一些問題（打岔型的優點），不要把人際間的不愉快災難化。接著，學習以理性的態度，來分擔人我間的和諧責任（超理智的優點），支持自己的原則及想法。同時也學習能表達自己的不愉快和委屈（指責型的優點），不刻意犧牲「自己」的那一塊。

　　其實我們每個人不會只有一種溝通類型，而是在面對不同對象、不同情境時，會有不同的應對模式。生命中的每個階段，與人互動、相處都是不可避免的，溝通是一種互動的歷程，彼此互相影響。不論自己是哪一種溝通類型，其實有許多方法可以幫助自己改善或建立更好的互動關係喔！透過薩提爾提出的溝通型態，我們可以練習釐清自己，或許就不會再面對壓力時逞強、害怕自己犯錯，也能在遇到事件時，除了處理事件，也學會同理他人、照顧自己。

大大樹
動動腦

1. 回到自己的生命角色中，在扮演不同角色時分別是偏向哪一種溝通類型呢？

2. 這樣的溝通型態，如何影響妳/你和他人的相處？在溝通過程裡曾經讓妳/你獲得什麼好處或帶來什麼困擾？

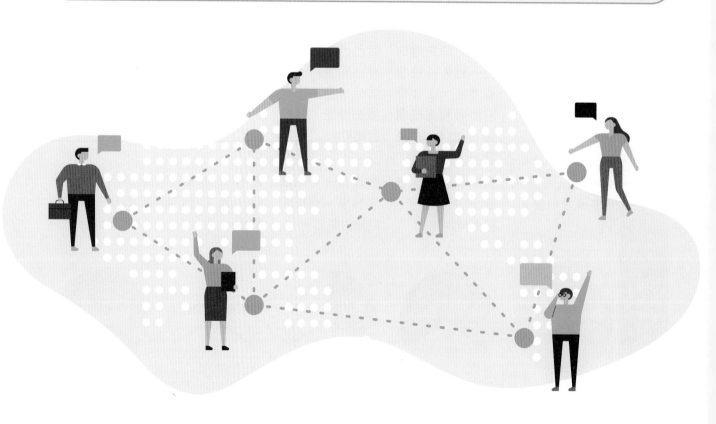

挑戰人生不設限

如今這個世界是無限廣闊的，希望與絕望、機遇與挑戰並存，而這個世界屬於有膽識、勇氣去追求和探索的人。

「當你的生活遇到瓶頸時，你知道該怎麼做嗎？繼續向前游就對了！」

When life gets you down, do you wanna know what you've gotta do? Just keep swimming!

— 《海底總動員 (Dory, Finding Nemo)》

腦瘤失明，卻讓我「看見」父愛

朱芯儀

長髮飄逸，手裡拿著手機、手杖、保溫瓶、門禁卡，這位全臺唯一以視障身分通過高考並執業的心理諮商師－朱芯儀，從大樓電梯步步堅定地走出來。她的右半邊臉部因腦瘤壓迫略為癱瘓，但講起話來風采依舊亮眼；言談間總能幽自己很多默，說自己腦瘤失明前後皆是「目中無人」，從學校表現優異到「目中無人」的國中生朱芯儀，到如今生理上的「目中無人」。

從小是家裡期待中的女孩，待在既定的教養和教育框架下順利成長。她回憶，自己從幼稚園起就知道要表現好、裝乖，來向父母親討愛討注意；國中的她，甚至開始用課業來逃避爸媽潛在離異的可能，學業成績、游泳、全國科展第一名…「我知道只要這樣做，就可以逃避家裡，找一片能發光的地方，讓自己覺得與眾不同、驕傲。」

楊煥世／攝

十五歲那年腦瘤突襲，瓦解朱芯儀原有的生活。起初，全家人都寄望手術能解除危機，第一次動刀過程中，才知道腦瘤與腦幹、神經緊纏，無法摘除。接連幾次的手術後，朱芯儀拿剪刀自殘、跳樓各種尋死劇碼天天上演，「妳死了，媽媽也不想活」這句話也聽到麻痺，卻在有一天，這句話突然溜進了心裡，「啊！朱芯儀，痛的不是只有妳，就先暫時活活看吧」。

在父親的打聽下，朱芯儀進入當時推視障融合教育的松山高中，成了第二屆入學普通班的視障生。入學時，各種因為失明的心理不平衡，天天在內心怨恨掙扎，不只這樣，父親在高二開始要求她獨立搭捷運上學的訓練，更讓她情緒大崩潰。

某天上學時她在馬路上重摔，奮力地走到校門後，同學告訴朱芯儀，看到朱爸默默跟在後面。她衝進輔導室，窮盡畢生的狠話壞話都用來責罵父親，好在輔導老師最後的兩個提問：「爸爸看你摔倒要忍住不去救你的心情？」「為什麼你爸爸要這麼做？」讓她再度意識到自己如當初尋死時的自私，「我必須接納我是個瞎子的事實，不再去羨慕別人健全的身體，要不然身邊的人只能看著我這樣難過。」

不再只是活活看，她開始整頓「朱芯儀的新生活」，視障不再是禁閉自己的原因，也不再是別人緊閉大門的藉口。她向同學溝通視障生活和感覺，也從與人的接觸中，漸漸發現，自己總是能感覺到別人刻意隱藏的情緒，開始對人、對心理學產生好奇，進而立志成為心理諮商師。

視障身分讓她常被拒於門外，對自己的自我懷疑更是重重挑戰。在父親的鼓勵下，朱芯儀企圖爭取臺師大心輔系收視障生、說服張老師機構收視障者諮商實習機會…如今，她從一連串諮商挫敗經驗當中，克服失明限制、挑選合適個案、苦練自己感受「情緒形成的空氣氛圍」等方法，為自己找到「朱芯儀風」的諮商師角色。

一顆腦瘤，打破了「天之驕女」的生活，也重塑了家人之間心與心的位置。如今，她用熬出來的真實自我，以言語、以肢體的溫柔關懷，影響更多生命。

延伸思考

通過高考考試、取得心理諮商師執照並以此為業的朱芯儀，在視障身分的背後，是一份不向命運低頭的堅強。她經歷了幾番困難掙扎，也曾情緒崩潰過，但最後她選擇了勇敢面對，找到了讓生命發光的方向。

1 朱芯儀說：「我知道只要這樣做，就可以逃避家裡，找一片能發光的地方，讓自己覺得與眾不同、驕傲。」

從朱芯儀的故事中，妳/你發現當她面對負面的壓力時，出現什麼行為呢？雖然經歷了負面的壓力，她還是很希望能證明自己、期待被肯定，妳/你覺得她希望證明自己與被肯定的是什麼？

2 朱芯儀說：「我必須接納我是個瞎子的事實，不再去羨慕別人健全的身體，要不然身邊的人只能看著我這樣難過。」

當朱芯儀在經歷生命中的低谷時，家人的陪伴與支持，讓她知道自己不是孤單的，但同時她也知道自己必須強壯起來。妳/你覺得她從低谷站起來的過程中，是因找到了什麼動力，讓她學習接受真實的自己？那如果換成是妳/你，遇到這樣的困難，妳/你會如何找到幫助自己重新出發的動力呢？

3 在故事中，朱芯儀心理師的視障身分讓她常被拒於門外，對自己的自我懷疑更是重重挑戰。

想一想，在妳/你的生命中，曾有被拒於門外的經驗嗎？這個經驗挑戰了怎樣的自己？妳/你從中發現自己擁有什麼能力與資源呢？

4-1 改變的力量

危機在哪裡？

生命是一個連續不斷的過程，在人生不同階段中，都有不同的發展任務需要完成。達成任務，便能順利地開啟下一個發展階段；任務未達成，將在未來人生旅途中不斷出現同樣的課題。

心理學家艾瑞克森 (Erik H. Erikson) 在心理社會發展理論認為，青少年時期（12~18歲）時，正是處在兒童與成人的過渡期，逐漸脫離對父母的依賴，這時期最重要的發展任務是「自我認同」，在這個階段開始尋找自我生命的意義與生活目標，並認識「我自己是個什麼樣的人」，如果發展順利的話，我們就會擁有明確的自我觀念以及自我追尋的方向；如果發展不順利的話，我們可能會感覺到生活漫無目的與徬徨。

在人生的道路上，學習了解自己，尋找適合的生涯方向化為實際行動，是一輩子重要的課題。在這樣的過程中，往往並非一帆風順，突發性的挑戰與危機，更是時時在考驗我們，並帶來生活上的變動及伴隨而來的各種情緒。

其實，「生活中唯一不變的就是改變。」人生中充滿著不確定因子，變化是每天我們必然面對的，無論是因應趨勢、或是面對不同的人，在做好妥善規劃的同時，「隨遇而安」的開放態度也同樣重要。「改變」不代表一定會發生不好的事情，而是一種特別的機緣，讓我們有機會檢視個人因應事件的能力與彈性，充分的面對生涯的挑戰。

拆解危機炸彈

在妳/你的生命歷程當中，妳/你曾經遇過什麼危機呢？像是會考成績不如預期，沒填到想要的學校；以為可以從容完成的事情，結果卻出乎自己的意料；想好自己未來的方向，卻和爸媽的期待不同…等。這些原本不在自己規畫內的事件發生時，對妳/你來說，是不是就會出現危機感呢？

現在回想妳/你曾在生命當中遇到的危機，還記得當時是如何克服的嗎？當危機過去後，妳/你獲得了什麼體會呢？想一想，面對危機時，有哪些可以幫助自己的方法？以下的四個步驟，可以在生涯危機出現時，幫助我們拆解危機炸彈喔！

大大樹 動動腦

1. 在妳/你的生命歷程當中，曾經遇過哪些不在預期中出現的危機事件呢？妳/你當時是怎麼解決的呢？

2. 經過了這樣的危機後，妳/你發現自己身上擁有哪些能力？

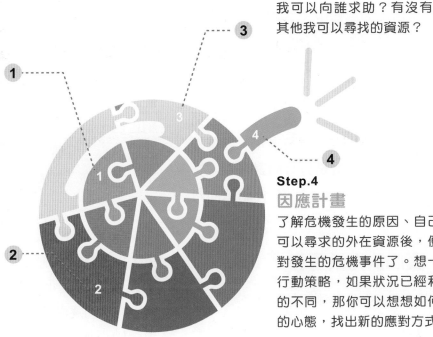

Step.1
評估狀況
想一想自己遇到的狀況，危機以各種可能的方式存在，這個狀態是可以預期的嗎？它是怎麼來的？

Step.3
外在支持
我可以向誰求助？有沒有其他我可以尋找的資源？

Step.2
自我分析
這個危機對我的影響是什麼？我能怎麼因應它呢？平常面對無法預期的事件時，我都是怎麼處理的呢？

Step.4
因應計畫
了解危機發生的原因、自己的狀況及可以尋求的外在資源後，便能好好面對發生的危機事件了。想一想具體的行動策略，如果狀況已經和原本預期的不同，那你可以想想如何轉換自己的心態，找出新的應對方式喔！

4-2　在挫折的背後遇見真正的自己

「危機」常常是我們在做決定時所帶來的非預期後果，但它一定是壞事嗎？會不會反而讓我們有不同的選擇機會呢？進入技術型高中的妳/你，可以嘗試問問自己：「如果當時選擇念普通高中，我會有什麼不同呢？」「會變得比較喜歡普通學科嗎？」「還是更加確認自己想要培養一技之長的心？」妳/你會發現，其實現在的生活，不論是否令人滿意，其實都是在自己在每一次生涯選擇中所帶來的結果。

我們都渴慕於電影中鏟奸除惡的英雄，每一天面對人生挑戰、勇敢嘗試冒險，將所有的體驗醞釀成迷人的故事時，我們不用等待別人拯救，自己也可以成為自己人生的英雄，勇敢面對遇到的困難，把困難轉化成自己也能接受的樣子，這就是「轉機」。

把危機當禮物，才會進步

心理學家南希・施洛斯伯格 (Nancy K. Schlossberg, 1984) 提出的「轉換理論 (transition theory)」指出：「生命特徵是改變和持續的轉換」，換句話說，在遇到困難時能不能順利度過難關，與我們因應改變和轉換的能力息息相關。命運帶來事故，對抗命運才有故事。當生命打開一個縫隙，才能為自己創造機會，從日常生活紛雜混亂的狀態，找出一條清晰軸線，賦予嶄新的意義。

在前面的生涯故事中，視障心理師─朱芯儀在生命中的轉變中，不斷掙扎過後接納，並為自己找到安身立命的方式。朱芯儀說：「當人們面對未知一定會害怕，每個人都會想要掌控。可是生活中就是充滿許多不確定，我們每天都在面對未知－所有的關係都是未知、所有的挑戰也都是未知。爸爸教導我最重要的一課，就是只有面對未知，妳/你的人生才可能有突破；當妳/你願意面對不確定，妳/你才開始有了希望。」

失明，讓心的力量更強

朱芯儀的高中生活剛開始時並不如意。她不懂得如何和別人相處，同學也不知道該如何接近她。有一次，她感覺到教室的角落圍了一群同學正在聊天，便鼓起勇氣走過去，拍拍其中一個人的肩膀說：「妳/你們在做什麼？我也想參加。」那人瞄了她一眼，不經意地回答：「我們在看漫畫，妳又看不到，趕快回去坐好。」這幾句話像箭一樣射進芯儀心底，她立刻痛哭流涕：「我看不見也不用妳/你提醒啊！」同學全被嚇得手足無措。

幸好，她有全心支持她的父母。放學後，她會和媽媽分享學校的點滴，貼心的媽媽會陪她笑、陪她哭，當她受了委屈，媽媽往往比她還氣憤，這些體諒撫平了她波折的情緒；爸爸則在她情緒過後適時地提供意見，幫助她一次又一次突破困境，並且越來越了解自己。

她將這段「自我接納」的療癒過程形容為「螺旋形的歷程」。回顧這螺旋形的足跡，它並非穩定的直線前進，而是斷斷續續前進、後退的過程，有時進三步、退兩步，有時進五步、退六步。有些事在今天看來沒

什麼大不了，但明天可能會令人沮喪崩潰；有時候妳/你覺得自己碰到牆壁，再也轉不上去，過了幾天，又是峰迴路轉，柳暗花明。

她開始以自嘲的方式處理身心障礙者可能面臨的尷尬場面，她發現：「當妳/你能接納自己，別人才敢來靠近妳/你。妳/你要能發自內心，坦然地告知別人妳/你的狀況；當別人忘記妳/你的障礙時，妳/你也要能自然地提醒他。」

朱芯儀不再是那個一碰就碎的玻璃公主，由於敏銳的感受力，她能夠準確地察覺別人情緒的變化，並且在第一時間付出關懷。同學們逐漸樂於與她交談，和她做朋友，也讓她更加放下身段，勇敢提出需求，和大家一起幫助自己。

此時，學校開始安排她在特教宣導的課程中分享生命故事，接著其他學校也提出邀請。她在掌聲中重新建立自信，並且在每次準備講稿的過程中，一再整理自己的情緒，也一再獲得鼓舞的力量。朱芯儀說：「我的分享不是要別人覺得我很可憐，或是我很堅強，我想要傳達的是，每個人都有從挫折中站起來的能力，我希望大家能帶著自己的信

大大樹
動動腦

1.　在朱芯儀心理師的生命歷程，從歷經低潮到重新出發的過程中，妳/你看見了她擁有什麼能力幫助自己？

2.　如果換成是妳/你，在經歷生命中的低潮時刻，妳/你可以從自己的身邊找到什麼鼓勵自己重新出發的動力呢？

心離開會場。」每個人都得為自己負責,別人的故事無論多麼動聽,充其量也只能提供勇氣的養分,得由我們親手澆沃自己生命的園地。

我們無法避免在人生中遇到無法處理的困境,但可以學習如何在困境中重新站起來,繼續向前。能讓我們調整生活步調,很快的適應改變,充滿勇氣的正向力量,就是「挫折復原力」,挫折復原力是每個人與生俱來的特質,只是有些人的能力沒有機會被激發出來而已,因此危機也正是轉機呢!

如果這些挫折復原力的特質,曾經在妳/你的生命中出現過,那麼,未來遇到困難的時候,妳/你可以停下來,整理好心情後,找出支持妳/你面對困難的力量,繼續勇敢向前!

大大樹tips

「復原力 (resilience)」是正向心理學中的重要議題,代表能處理生活中困難或壓力的能力,或是當你處於有壓力的情況下,可以運用自己的優勢及所處環境的資源,成功調適並恢復原先狀態的能力。

具備良好挫折復原力的人通常會表現出以下幾種特性,想一想,妳/你擁有哪些特質呢?

☐ **做情緒的主人:**能夠瞭解自己為什麼產生情緒,懂得如何處理。

☐ **抱持務實樂觀的態度:**對未來有正面的期待,務實地面對困難。

☐ **彈性的思考:**保持彈性,不固守單一的想法。

☐ **體貼他人的心情:**善於觀察非語言的動作,試著瞭解對方在想些什麼、當下的感受是什麼。

☐ **相信自己有掌控的能力:**相信自己有能力可以解決問題,可以把事情做到最好。

☐ **勇敢挑戰自我:**願意跳脫自己的能力限制以及現有的成就,接受新的挑戰或是追尋新的成就。

4-3　數位時代新生活

　　蘋果電腦創辦人賈伯斯 (Steve P. Jobs, 1955-2011) 在提出蘋果系列產品的理念時，並不是希望創造出人們所想的東西，而是創造出的東西被人們需要。他的特立獨行風格造就了蘋果電腦的奇蹟，也吸引了無數消費者對於產品的忠誠度，有如信仰宗教虔誠狂熱。賈伯斯 (Jobs) 顛覆了消費者對科技的想像，加上網路的便捷，資訊科技發展已經成為社會與文化發展的主導力量與關鍵議題，對未來工作與學習型態產生革命性之影響。

　　近代資訊科技主要沿著以下幾個主軸發展，包括網路、行動裝置、大數據、多媒體、人工智慧和機器人及物聯網等。不過，重要的是，它們不再只是少數人的專業，它們已經全面滲透到人們的生活和工作，成為生活的必需品。換言之，資訊已是現代生活通用的貨幣，應用資訊可以獲取更好、更便利的生活。

　　當資訊的取得越來越容易時，學習的範圍變得更為寬廣，學習資源也隨手可得，無所不在的學習已是未來必然的現象。學習新的資訊除了幫助我們獲得夠便利的生活外，在面臨危機或轉機時，充分的資訊蒐集與評估也提供了更多做選擇的依據。

探索活動　　數位時代新住民

　　我們的生活中的科技媒材中，最常見的就是人手一機，手機成了重要的資料庫來源，也可以幫忙完成許多生活大小事。請妳/你想一想，平常妳/你在使用手機時，最常用來做什麼呢？請列出三項妳/你手機內最常使用的 APP，並寫下它帶來的生活便利性或影響是什麼？找一位同學一起分享吧！

01 _____
帶來的生活便利性或影響：

02 _____
帶來的生活便利性或影響：

03 _____
帶來的生活便利性或影響：

我需要什麼？哪些該丟棄呢？

隨著科技占據我們的生活，大量的資訊充斥在各個角落，資料更新、變化速度迅速又頻繁，現代人每天被過量的資訊疲勞轟炸。在這樣的狀況下，其實光是接收「新資訊」就應接不暇，更別說我們可以好好的消化、吸收所看到的資訊了。

生活在這樣的環境中，改善的方式，除了要學習如何過濾及整理自己所接收的資訊之外，也要能懂得如何挑選自己需要的訊息。像是社群軟體 FACEBOOK 經歷了幾次的改版，從最開始只要跟別人互加好友，就會出現許多人的資訊在自己的版面上，但改版後的臉書，透過數據分析用戶的使用軌跡，會自動篩選出我們平常互動較多的好友、喜歡瀏覽的廣告或粉絲專頁，進而讓頁面出現符合我們喜好的訊息。這樣的轉變，其實也在告訴我們如何從許多的資訊中，確認自己喜歡的、需要的，學習如何篩選訊息。

其實我們在日常接收到的過量的資訊，就像走進一間豐盛的吃到飽餐廳，什麼菜色都想往自己盤子裡放、想要努力吃回本，甚至還沒開動就覺得好有壓力。這是因為妳/你不知道自己真正的需求是什麼，就像是我們被動的接收資訊一樣，什麼都看、什麼都想知道，卻不了解自己需要什麼。網路上瘋傳各式各樣的懶人包，應付巨量的資訊，但是這些由他人整理的片段資訊，真的是妳/你想要的嗎？

不同的資訊帶給我們不同的價值，對於資訊的吸收寧可精，不在多。亦即，前一個「核心資訊」未充分思考理解前，切勿先去接收「新的資訊」，因為惟有每一個「核心資訊」都被充分思考理解，知識庫才會扎實，並立即對工作、生活產生效益。而隨著「被充分思考理解的核心資訊」的擴增，知識庫的不斷擴展，也能同時提升吸收「核心資訊」、「輔助資訊」甚至「其他資訊」的效果與速度。

沒有「核心資訊」時，才可依序去接收「輔助資訊」、「其他資訊」；而一旦接收了「輔助資訊」或「其他資訊」，也同樣須用心思考、理解。

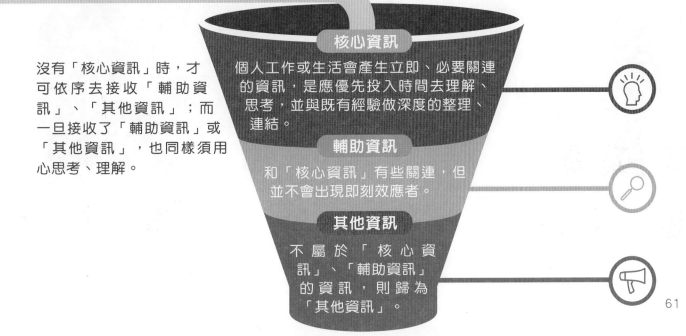

核心資訊
個人工作或生活會產生立即、必要關連的資訊，是應優先投入時間去理解、思考，並與既有經驗做深度的整理、連結。

輔助資訊
和「核心資訊」有些關連，但並不會出現即刻效應者。

其他資訊
不屬於「核心資訊」、「輔助資訊」的資訊，則歸為「其他資訊」。

資訊的斷、捨、離

慢慢地，妳/你會從這樣的經驗當中，開始主動建立一套吸收資訊的模式與習慣。開始去認知自己比較需要什麼、不需要什麼，就可以開始進行我們的資訊斷捨離囉！

網路縮短了時空距離，人們得以透過資訊科技工具來認識世界、與世界交流，我們也從知識的消費者轉變成知識的創作者，而資訊科技越發達，我們越能用不同角度發現新事物，使我們具有新思維、新創意，且能利用多元的資訊科技動手實踐，將想法付諸行動，有效地解決問題，成為具有實作精神的創客。因此，從現在開始深刻檢視「想要或需要」的資訊吧！

「捨」
資訊的管理
開始尋找符合自己需求的資訊，避免一直接觸不需要的訊息。

「斷」
資訊的篩選
與其去標記自己認為哪些資訊是重要的，不如先去刪除那些其實你並不需要，但你總覺得未來會用到的。

「離」
脫離原本的方式，付諸行動
透過資訊的「篩選」、「管理」，能確定自己的思考方式與喜好，並理解困境的緣由，由此調整生活方式，不被環境與他人牽著走。

4-4 生活投資學

休閒生活的重要性

　　休閒到底是什麼呢？難道什麼都不做就是休閒嗎？那麼發呆也算是休閒的一種嗎？「休息是為了走更長遠的路。」生活中，什麼時刻心裡是最放鬆的呢？好好地睡一覺、痛快地和朋友打一場球、與隊友們在遊戲中組隊廝殺、大聲地唱歌、做手工藝、畫圖⋯等，有時候為了生活中重要的事件努力一陣後，做些讓自己開心的事情來轉換心情，是一件很重要的事情呢！

　　隨著時代的進步，休閒活動也越來越被大家重視，「休閒」簡單來說，就是利用扣除維持生活所需的時間，從事較自由及個人化的活動，並從中提到新的體驗與感受。另外，社群網路與科技發展，加速社會的流動，有時休閒和生活、工作的時間界限並沒有那麼清楚的劃分，例如：現正夯的「斜槓青年」的概念，將工作、興趣、生活同時多元展現在人生當中，擁有許多生命中真正熱愛的事物，發揮自我潛能，並均衡管理課業、工作及休閒的時間，讓生活保持平衡，找到合適的生活樣態。

　　「重視個人生活」是未來時代的走向，在生活上累積不同經驗，以一個「生活家」的姿態磨練感性的能力，才能在多元、成熟的市場上脫穎而出。

探索活動　　跟著喜好走

我喜歡什麼類型的休閒興趣呢？請依照自己的喜好，圈選符合的項目：

	非常不同意	不同意	沒感覺	同意	非常同意
1. 在閒暇時，我喜歡閱讀	1	2	3	4	5
2. 我比較喜歡待在戶外					
3. 我喜歡從事鐵工或木工等相關活動，來當作休閒活動					
4. 我喜歡從事新鮮的休閒活動					
5. 我欣賞文化藝術					
6. 我以在一個或數個服務性機構或活動擔任義工為己任					
7. 我比較喜歡競技型的體能活動					
8. 我喜歡在休閒活動中認識新朋友					
9. 我喜歡戶外環境的新鮮空氣					

	非常不同意	不同意	沒感覺	同意	非常同意
10.我的休閒活動通常使用器具或設備					
11.在閒暇時，我喜歡藝術創作					
12.我比較喜歡參與文化活動，例如欣賞戲劇、聽演講、參觀博物館					
13.在閒暇時，我通常參加服務性活動					
14.我比較喜歡需要高度體能的活動					
15.我藉著從事休閒來建立與他人的親密關係					
16.我比較喜歡在戶外環境舉行的休閒活動					
17.在閒暇時，我喜歡製造或維修物品					
18.我比較喜歡需要創造力的休閒活動					
19.我喜歡參觀地方與國家的文化活動					
20.我有規律的花時間在參與服務性機構或活動					
21.我比較喜歡體能取向的活動，例如運動					
22.我比較喜歡從事需要社交互動的休閒活動					
23.我比較喜歡從事在戶外舉行的休閒活動					
24.在我閒暇時，我喜歡把玩、設計、製造機械裝置					
25.我比較喜歡能幫我探索新思維的休閒活動					
26.我對文化藝術有強烈的興趣					
27.在閒暇時，我比較喜歡服務他人					
28.我喜歡需要體能挑戰的休閒活動					
29.我比較喜歡有助於友誼發展的休閒活動					

計分：

類型	請將下列題號之得分填入	得分
服務性	13. _____ + 17. _____ + 06. _____ + 20. _____	
戶外	09. _____ + 23. _____ + 02. _____ + 16. _____	
文化藝術	26. _____ + 12. _____ + 05. _____ + 11. _____ + 19. _____	
體能	28. _____ + 14. _____ + 21. _____ + 07. _____	
機械	24. _____ + 17. _____ + 03. _____ + 18. _____	
社交	29. _____ + 15. _____ + 08. _____ + 22. _____	

這些類型的休閒活動為什麼吸引妳/你呢？請多舉例幾個相同類型的活動。

平常課餘的時間，妳/你最常從事的休閒活動有哪些？這些休閒活動帶給妳/你的影響是什麼？

休閒生活的培養

休閒活動其實還有平衡生活的功能，讓我們在學習之餘也有點喘息的空間。休閒活動能為我們帶來許多好處，常見的是：

1. 調節身心壓力
2. 用休閒活動拓展生活圈
3. 拓展人際關係
4. 培養毅力以及創造力
5. 看見不同的自己

減少被動式休閒，增加主動式休閒

美國著名心理學家米海伊‧奇克森特米海伊 (Mihaly Csikszentmihalyi) 指出，扣掉為求生存而做的「生產類活動」（如工作賺錢）以及為了保持身體機能而產生的「維持類活動」（如吃飯、睡覺、休息）後，一個人一天可以從事「休閒類活動」（如發展嗜好、運動、學習）的時間約只剩下 6 小時。

但扣除工作與吃飯睡覺是固定的時間支出，多數人一天可以利用的時間合理推斷約 3 小時左右。因此，如果妳/你想在上學之餘，擁有更美好的人生，達成更多理想與目標，唯一的辦法就是善用這放學後的黃金 3 小時。放學後做什麼因人而異，但有一個原則可以參考，那就是：減少「被動式休閒」，增加「主動式休閒」。「主動式休閒」雖然

比較費神，但所創造出的樂趣卻遠高於「被動式休閒」，也更容易讓人感到快樂。基本上，兩種休閒方式並不互斥，多數人對兩者都有需求，關鍵在於「比重」。

被動式休閒 指鬆散、消極的休閒活動，如上網、追劇、打電動、看影片、社群軟體聊天等。這類活動不會帶來焦慮，也不太需要動腦筋，因此，多數人喜歡以此打發時間。

主動式休閒 指專注、積極從事的活動，如嗜好、運動、彈奏樂器等。

接觸更大的世界，人人都是一本書

當然，如果妳/你放學後不是從事個人活動，而是參與某個課程或社團，那麼，另一項豐碩收穫就會是友誼與視野。基本上，擁有嗜好或精采生活的人，比較不會言語乏味。而若是妳/你的投入足以建立起課業以外的專業，還會贏得別人的欽佩或讚美，人緣也會變好。

真的「沒時間」，還是找藉口？

決定安排休閒首要之務，當然是找出喜歡做的事。不妨先從妳/你一直想做，卻又沒機會做的事開始。如果一時之間，仍難以確知自己喜歡什麼，不妨先加入有興趣的社團，慢慢去體會、觀察，方向一定會越來越清楚。最重要的是，絕不要以「沒時間」做為妳/你不採取行動的藉口。一個人不可能會忙到沒空去發展興趣，唯一的理由是：妳/你沒那麼想要。

試試在一星期裡選定一天去做妳/你喜歡的事。等感受到主動式休閒帶來的愉悅後，接下來妳/你自然會有動力，用最有效率的方式完成工作，然後自在享受妳/你的課後人生。最後，要克服的是妳/你的慣性。開始改變時，必須推自己一下，建立新的生活節奏。等到它形成習慣，一切就變得很自然了。

資料來源：Cheers快樂工作人雜誌：下班後黃金3小時 (2012)。臺北：天下雜誌出版。

看見自己的未來

05
CHAPTER

升學好？還是就業好？
哪一條才是適合我的道路？充分的準備，看見
自己的價值。

世界這麼大，而找到真正喜歡、可以落腳的地方，又實在是難。

── 《魔女宅急便》

「有人願意跟我說，『你剛剛講的有問題』，我會很感謝他。」

黃聲遠

黃聲遠和田中央工作室是一個緊密的團隊，黃聲遠說：「這是所有人一起做到的，只把我一個人拉出來寫的話，就是失真。只有你真正面對真實，才會自己找到出路。」

「吉阪隆正賞」公布第四屆得獎者，由臺灣建築師黃聲遠、田中央工作群獲獎，該獎首度頒給外國人。

陳敏佳／攝

黃聲遠，美國耶魯大學建築碩士，曾在美國知名建築師事務所工作，20 年前，從洛杉磯飛回宜蘭田間「蹲點」。他創辦的「田中央聯合建築師事務所」，首次獲邀海外個展「活出場所」，即登上日本建築界最具指標性的間美術館 (Gallery Ma)，是不折不扣的「臺灣之光」。

「因為脫離現實，」黃聲遠很堅持只拍團體照，且不願站在主角的位置，「這是所有人一起做到的，把我一個人拉出來寫的話，就是失真。」

田中央沒有「建築大師」事務所的氣派，卻像一所建築學校。辦公室散亂著田野調查報告，測量地圖和法規資料，建築模型修修補補，「模型是拿來討論的，不是做漂亮拿來吸引業主的！」對 20 多位平均不到 30 歲的員工來說，「田中央」也是生活的場所。許多隻身來到宜蘭，就住在辦公室樓上，或步行 5 分鐘到黃聲遠家的一樓「宿舍」。沒有五光十色，常見的消遣就是跳水、游泳、看風景。

雖然彼此的工作、生活緊密，卻擁有絕對的自由。要不要在辦公室搭伙吃中飯，願不願意和老師一起去游泳、想認真養狗或衝浪，「不會有人因為你的選擇而不高興，」黃聲遠說。

不相信權威，討厭「誰說了算」的黃聲遠自由作風，也展現在建築上。不論是幾米廣場、羅東文化廣場，田中央的建築不誇耀強烈造型、風格，卻像是鄰人般，讓建築親和的走進生活，貼近自然，甚至可以跨越時間不斷延續。

「暫時做不到的就放在心裡等待，」田中央在宜蘭建設的「生活廊帶」，耗時 10 多年，透過不同的溝通，其他工程的「餘款」，一段段改造、連接，不僅實現了「拉近人們與自然的距離」的目標，也顛覆了一般人對「公共工程」的印象。

「做你真正在乎的事情才重要，」黃聲遠說。就算發薪日才發現存款差一些，他也是隔天就忘了這窘境，畢竟「這都是流動，都是老天給的，真正重要的是這些人吧。」在他心裡，數字不被記得，但出現在身邊，一起走過一段時間的人們，才珍貴。

－施逸筠／親子天下雜誌

想一想，當面對目前升學或就業上龐雜的生涯資訊時，總是讓人不知如何面對與選擇，從黃聲遠身上，學習用不同的視野與態度，關照自己內心真正想要獲取的訊息吧！

1 黃聲遠說：「不相信權威，討厭誰說了算！」

當妳/你面對書中提供豐富的生涯進路資訊時，妳/你會如何處理呢？妳/你會用怎樣的思考方式來理解每一個資訊背後的意涵？可以幫忙妳/你的資源在哪裡呢？以及妳/你習慣面對問題的態度又是什麼呢？是「人云亦云」、還是「老師說了算」，或是「多方考量後整理出自己最佳的選擇」？

2 黃聲遠說：「有人願意跟我說，『你剛剛講的有問題』，我會很感謝他。」

妳/你如何看待這一句話呢？當有人指出妳/你的問題時，妳/你的反應會是？對於黃聲遠所說的「被指出問題的感謝」，妳/你覺得要感謝什麼呢？當有人對你的理解提出問題時，妳/你會否如黃聲遠所說的去感謝他？

3 黃聲遠說：「做你真正在乎的事情才重要，暫時做不到的就放在心裡等待…」

當妳/你面對自己的未來發展時，知道自己真正要的是什麼嗎？而自己真正在乎的事情又是什麼呢？如果妳/你要的目標暫時做不到、或是距離很遙遠，妳/你願意等待嗎？那麼妳/你又會讓自己怎麼等待呢？

5-1　運用網路資訊，走上生涯大道

技術型高中生的多元發展

當手機上網已經成為現代人如呼吸一樣自然的基本生活方式，也代表著我們隨時的一鍵，就可以連結到全世界。試想，當連上全世界只需幾秒鐘時，我們的生活自然不再只是「井底之蛙」，而是隨時需要面向來自全世界的衝擊與挑戰。

從這樣的現象來看，畢業後，無論是繼續升學高就，或是準備投入專業市場，還是不斷精進技術考取證照等，是否都已不再是單一決定，就可以應付未來世界的生存需要呢？

技術型高中生的妳/你，因為多了很多可能的未來生涯進路，試著讓自己有著「多元發展」的思考，而不再拘泥「單一方向」的抉擇。

妳/你可以…

- 持續升學，但學習跨領域的專業能力；
- 在升學時也同時進入產業開展職場戰力；
- 直接投入工作後，持續鑽研技術拿取更多證照或參與專技競賽；

讓自己擁有可以多元發展的準備與能力，才是選擇念技術型高中最大的收穫。生命是不斷成長與延續的歷程，值得正在探索階段的妳/你，不但要嘗試、更要踏實的去實踐屬於自己的青春。技術型高中三年的生活多采多姿，不同階段有不同的目標任務，妳/你現在走的每一步，都是滋養未來的養分。

1 工作→學徒？正式員工？
2 升學→四技二專？普通大學？
3 升學與工作並行→產學制？雙軌？
4 證照、職訓。
5 公職考試→特考、普考。
6 投入軍、警。
7 其他→出國、創業。

請回顧第一章做過的「我的生命曲線」探索活動，從自己過去生命發展的趨勢，思考一下，技術型高中畢業後，妳/你未來發展的方向可能會是什麼？

回想一下，面對國中會考時，妳/你在升學抉擇過程中的狀態。

• 國中畢業時，讓妳/你來念技術型高中的原因是？

• 妳/你喜歡這些原因嗎？為什麼？

• 如果不喜歡，妳/你想怎麼改變？

• 回答三個提問後，請再看看第一題，是否需要調整原先的回答內容呢？

• 如果需要調整，妳/你的內在思考是如何改變的呢？

妳/你需要知道的生涯資訊網站

在「人手一機」的年代，資訊大爆炸帶來了搜尋資源的方便性，透過網路，讓每個人可以最簡單便利的方式搜尋到各種生涯發展的資訊。對於 16、17 歲的自己，生命經驗或許有限，透過掌握相關的網站訊息，找到適合自己的生涯資源，一起來練習搜尋看看，有哪些好用的資訊吧！

綜 綜合性資訊網站

幾乎所有的升學管道、升學資訊以及進入大學後的學系學習、打工與生活經驗的資料，都可以在這裡查詢。

大學問

1111大學網

IOH 開放個人經驗平台

一 第一類生涯資訊網站：給想工作的妳/你

對於技術型高中畢業後，就要投入職場就業的妳/你，經由各種職業的網站，妳/你需要了解職業的種類、就業徵才的機會、目前產業的型態與發展趨勢、專業技能要求、薪資條件、勞動權益與福利與就業人口等資訊，讓妳/你三年的技術型高中學習能夠與投入職場工作做最緊密的結合。

1. 求職與職訓資訊：提供求職與職業技能訓練的資訊。

中華民國勞動部

教育部・大鵬網－職涯發展

大專校院就業職能平臺

各家銀行如104、1111、518、yes123等。

華人生涯網・
教育與職業資訊查詢

臺灣就業通

2. 職場體驗資訊：在正式進入社會工作以前，可以藉由假期工讀或是寒暑假進行職場體驗，增加自己對於工作世界的更多認識。

教育部青年發展署－
RICH職場體驗網

勞動部勞動力發展署

3. 創業與圓夢資源：人生要有夢想，夢想帶來熱情，而青年能夠有勇氣「創業」或是進行「圓夢」工作，才能帶來這個社會職場上源源不絕的熱情與動能。

教育部青年發展署U-start
創新創業計畫

教育部青年發展署青年資源讚

中華民國全國青年創業總會

我的E政府－青年創業　　　新創圓夢網　　　教育部青年發展署－iYouth青年國際圓夢平臺

富邦青少年圓夢計畫

臺積電青年築夢計畫
2016年辦理第一屆，每年收件網站皆會更新，請自行上網查詢。

（二）**第二類生涯資訊網站：給想繼續升學的妳/你**

　　由於「多元入學」、「考招分離」以及「考制變革」，很多升學考試與甄選的資訊每年都會有所不同，因此透過各種升學資訊網站可以立刻掌握考制資訊。

1. 多元入學資訊：了解多元入學的介紹、招生資訊以及考招單位的查詢。

技專校院招生策略委員會　　　技專校院招生委員會聯合會　　　大學多元入學升學網

2. 技專校院資訊：提供招生校系查詢、各種技術型高中升學入學管道資源，是升學必知的網站。

技訊網－技專校院招生資訊網　　　財團法人技專校院入學測驗中心

3. **普通大學資訊**：提供關於大學校系查詢、各學群學系比較與考招資訊等。

漫步在大學

大學入學考試中心

4. **學類學群學系資訊**：大學是高等教育，因此知識與技術分類更為專精，因此透過對於學類群系的搜尋，能夠了解各大學學系的教育目標、培養學生的核心能力、課程內容與證照要求以及未來進路的發展等資訊。

技專校院升學查詢系統

大學網路博覽會

漫步在大學－認識學群

5. **落點分析資訊**：協助學生在升學考試收到成績之後，依據多年大數據的資料提供預測最佳落點，以協助升學管道選擇與志願的思考。

統測四技二專甄選入學－
落點分析

1111落點分析

≡ 第三類生涯資訊網站：給想報效國家的妳/你

我們國家現行「募兵制」，需要願意主動投身保家衛國的軍事人才，而現代化軍隊強調技術能力，更適合技術型高中生投入軍職。另方面，我們的社會在面對各種新型態的生活方式時，亦非常需要警察人員來維護社會的秩序以及協助社會安全與救助網路的維繫，適合對「公平」與「正義」有使命感的學生投入。相關的網站如下：

國防部人才招募中心

中央警察大學招生網

臺灣警察專科學校招生網

（四）第四類生涯資訊網站：給想去看看這個世界的妳/你

　　無論是高中時的海外志工，或是暑期壯遊，乃至於畢業後選擇出國遊學/留學，以及出國後想要在國外發展，下面的網站提供妳/你各種適合的資源。

教育部青年發展署－
青年壯遊體驗學習網

教育部青年發展署－
青年和平志工團

教育部青年發展署－
青年海外和平工作團

教育部國際與兩岸教育司

教育部海外留遊學資訊萬花筒

（五）第五類生涯資訊網站：給「特別」的妳/你

　　如果妳/你具有原住民族身分、身心障礙身分，或是特殊教育、資優或運動成績優良之學生，那麼下面的網站提供升學需要知道的訊息。

教育部原力網

國教署資優教育資源網

國教署特教網路中心

身心障礙學生升學大專校院
甄試招生網

運動成績優良學生升學輔導網站

六　第六類生涯資訊網站：給想考公職與各種專業技能考試的妳／你

提供報考各項公職考試、專業技能檢定或國家考試的第一手資訊。

中華民國考試院考選部

勞動力發展署技能檢定中心

全國技術士技能檢定

大大樹
動動腦

有哪些網站的資訊，我覺得蠻有幫助的？

我在瀏覽網站時，有哪些內容是我會較為關注的？原因是？

哪些資訊是吸引我的？會讓我更進一步去思考未來的生涯發展？

5-2 技術型高中生的學習與升學之路

為什麼要來唸技術型高中呢？

聽聽自己的聲音，為什麼要來技術型高中就讀呢？

是因為受限於會考表現，無法選擇滿意的志願？還是真心喜歡學習技能領域，希望未來成為一位厲害的「職人」？或是完全沒想過這件事，就糊裡糊塗來了呢？

無論是什麼原因選擇技術型高中就讀，技高的天空無限寬廣，技術型高中的升學與未來進路也有無限可能。目前就讀技術型高中的同學，雖仍以畢業後選擇升學為最大宗，但身為技術型高中的妳/你們，知道自己三年究竟在學些什麼嗎？而三年之後，又要往哪裡去呢？

技術型高中教育的目標

技術型高中教育的目標在於「培養各種產業所需要的技術專業人才」，以這句話來說，走上技術型高中教育的妳/你要發展的方向，就是成為一位「產業重要的技術人才」。因為有了妳/你的專業技術，才能提供產業未來的各項需要，進而扶持國家產業的發展，更是臺灣經濟維繫與成長重要的關鍵。

選擇技術型高中的十大理由

目前所學的知識，是否能解決未來的問題？技術型高中教育從早期的「師徒制」走向「科技專業」，一直奉行著「職人精神」，而這樣的精神落在現代化產業的發展，則以「實作學習、產業實習、產學（訓）合作」這三項基石三管其下。當大學學歷已經人手一張的情況下，能夠擁有「多」技之長，更可以在未來投入職涯時，掌握先機而更勝一籌。

技術型高中學習內涵中最精彩的部分就是專業科目探索，及針對個人興趣、性向來充實自我。但由於近年社會急劇發展，知識更替快速，舊知識很快就被新知識取代，試著在技術型高中三年裡，累積不同的生活經驗，培養適應生活裡各種變化的彈性，及運用所學知識解決各種問題的能力，才是終生學習受用的策略。

大大樹來搜尋
請上 Google 搜尋

詳讀「技術型高中」相關介紹資訊後，想一想：

教育部國民及學前教育署－生涯輔導資訊網/國中畢業生適性入學宣導網站 🔍

對我來說，覺得技術型高中是？

我發現技術型高中與普通高中的差異是？優勢又是什麼？

現在我已經來念技術型高中，我想給自己的目標是？

探索活動　讀技術型高中的理由 TOP 10

　　請在下面 10 個選項，勾選出這三年妳/你希望在技術型高中學習的具體內容，接著回答後面的提問後，也聆聽其他同學的想法：

☐ 讀技職＝就業力。

☐ 證照在手，就業加分。

☐ 動手做，在實務中驗證理論。

☐ 實習課程，提早體驗職場。

☐ 產學（訓）專班，讀書工作雙入手。

☐ 夠優秀，學力與學歷都到手。

☐ 技職含金量高。

☐ 業師傳授，人脈建立。

☐ 升學管道多元，不再「唯有讀書高」。

☐ 不是讀書，而是學習，為了彌補就業的不足。

🐞 我勾選出的學習內涵，對我的意義是？

🐞 這些技職就業力，對我就讀技術型高中的目標，有怎樣的幫助？

🐞 沒有被我勾選到的項目，我是怎麼想的？

技職就業力－讀技職的 10 大理由 🔍

資料來源：30雜誌－技職281系所完全指南(2016)。技職就業力－讀技職的10大理由。臺北：遠見天下文化出版。

從各群科看升學與未來就業

　　從人類的文明發展演變來看，因應生活的多元，產業也越發豐富，因此各職業的分工更為細緻。「技能專業」在人文、科技與世界經濟的變動下，也呈現多采多姿不同樣貌，技術型高中教育自然不單只是傳統基礎的學科知識。

　　技術型高中的學習是產業發展的培育基礎，反映著國家發展與產業趨勢的多元性，目前技術型高中一共設有 15 群 91 科，每一群代表著一塊產業的「專精」領域，而每一科則是專精領域中的「分工」，從這樣的分流裡匯整出未來升學進路的方向，以及就業發展的目標。

技術型高中 職群／科別與升學／就業進路對照表			
群別	科別	升學進路	就業發展
機械群	機械科、鑄造科、板金科、機械木模科、配管科、模具科、機電科、製圖科、生物產業機電科、電腦機械製圖科	機械工程系、機電科技系、材料科學與工程系、工業工程與管理系、工業設計系等	機械工業、汽車工業、電機電子工業、民生工業、航空國防工業、銷售、相關材料供應等
動力機械群	汽車科、重機科、飛機修護科、動力機械科、農業機械科、軌道車輛科	車輛工程系、機械工程系汽車組、飛機工程系機械組、航空機械系、造船及海洋工程系等	汽機車設計、汽機車維修、汽機車美容、汽機車改良及改裝、汽車鈑金及噴漆、車輛測試、飛行器維修、飛行器裝配、農業機械操作及維修（如：農耕機操作員）、工業動力機械操作及維修（如：挖土機操作員、堆高機操作員）、車輛銷售服務、零配件用品批發等
電機與電子群	資訊科、電子科、控制科、電機科、冷凍空調科、航空電子科、電子通信科、電機空調科	電機工程系、光電工程系、自動化工程系、能源與冷凍空調工程系、材料科學與工程系等	半導體產業、電子產業、資訊產業、光電產業、通信產業、冷凍空調產業、自動控制產業、儀器產業及軟體產業、銷售、相關產品及材料供應或自行創業等
化工群	化工科、紡織科、染整科、環境檢驗科	化學工程系、化學工程與材料工程系、分子科學與工程系、化學工程與生物科技系、環境與安全衛生工程系等	石油化學工業、塑膠工業、橡膠工業、染整工業、人造纖維工業、紡織工業、成衣工業、染料製造工業、塗料工業、界面活性劑工業、化妝品工業、食品化學工業、冶金工業、製藥工業、肥料工業、造紙工業、清潔劑工業、精密陶瓷工業、半導體工業、高分子材料工業、生化科技領域、電子材料、影像顯示領域、精密化工製成領域、高值化科技產業、自行創業、從事化工相關產品製造與銷售等
土木與建築群	建築科、土木科、消防工程科、空間測繪科	古蹟維護系、建築系、室內設計系、空間設計系、景觀設計系等	建築繪圖、室內設計、景觀規劃、營造、工程顧問、建設、測量、工程估價，如：營建工程技術員、建築繪圖技術員、測量技術員、工程估價管理技術員等

技術型高中 職群／科別與升學／就業進路對照表			
群別	科別	升學進路	就業發展
外語群	應用外語科（英文組）、應用外語科（日文組）	應用英語系、應用外語/德文/日文/法文/西班牙文系、翻譯學系、應用華語系、外語教學系等	英文教學、日文教學及工商業，如：秘書、助理、業務人員、航空公司之空服員、櫃台服務員、旅行社導遊人員及領隊人員、觀光飯店之服務業人員等
設計群	家具木工科、美工科、陶瓷工程科、室內空間設計科、圖文傳播科、金屬工藝科、家具設計科、廣告設計科、多媒體設計科、室內設計科、多媒體應用科、美術工藝科	視覺傳達設計系、商業設計系、工業設計系、商品設計系、時尚設計系等	廣告設計、包裝設計、展示設計、編輯設計、印刷設計、媒體設計、產品設計、家具設計、工藝設計、模型製作、建築設計、室內設計、景觀設計、展演（舞台、展示）設計、多媒體設計與應用等
農業群	農場經營科、園藝科、森林科、野生動物保育科、造園科、畜產保健科	農園生產系、植物醫學系、農企業管理系、熱帶農業暨國際合作系、醫學檢驗生物技術系、園藝學系、景觀系、空間設計系、森林系、森林暨自然資源學系、觀光休閒系、環境資源管理系、木材科學與設計系、水土保持系、環境工程與科學系、獸醫學系、動物科學與畜產系等	農場經營、種苗場、園藝、造園景觀設計、生態保育、休閒農業、測量、環境評估、獸醫、畜牧養殖、動物園、飼料生產、食品加工、木材加工、家具製作、植物病理藥品、動物藥品等行業
食品群	食品加工科、食品科、水產食品科、烘焙科	食品科學系、食品科技系、食品科技與行銷系、水產食品科學系、生物科技系、海洋生物技術系、生物技術與動物科學系、烘焙管理系、食品營養系、保健食品系、保健營養系、營養系、生活應用科技系釀酒科技組、餐旅管理系、餐飲廚藝系、護理系等	食品製造業、食品檢驗與餐飲服務等行業。 如烘焙食品、乳品製造、罐頭食品、冷凍食品、脫水食品、醃漬食品、糖果製造、製油、製粉、調味品製造、飲料製造、食品安全檢驗等從業人員
家政群	家政科、服裝科、幼兒保育科、美容科、時尚模特兒科、照顧服務科、流行服飾科、時尚造型科	觀光事業管理系、老人服務事業管理系、休閒保健管理系、生活應用與保健系、幼兒保育系等	餐飲服務、食品加工、服裝設計、幼兒保育、彩妝美容、媒體公關、整體造型、髮型設計等
餐旅群	觀光事業科、餐飲管理科	餐飲管理系、中餐廚藝系、西餐廚藝系、餐飲廚藝系、烘焙管理系等	旅館業（如：旅館接待員、房務人員）、航空業（如：空服員、機場地勤服務員）、旅行業（如：觀光導遊、領隊、解說員）、餐飲業（如：廚師、餐飲服務員）等

技術型高中 職群／科別與升學／就業進路對照表			
群別	科別	升學進路	就業發展
海事群	輪機科、航海科	航運技術系、輪機工程系、航運管理系、機械工程系、海洋與邊境管理學系等	海勤相關行業（如：船舶基層操作人員、操作級之船副、操作級之管輪、商船輪機員、造船廠技術人員、石化廠技術人員、港口裝卸公司技術人員）、船用引擎或汽車引擎維修保養業、遊艇維修、漁船維修等
藝術群	戲劇科、音樂科、舞蹈科、美術科、影劇科、西樂科、國樂科、電影電視科、表演藝術科、多媒體動畫科、時尚工藝科、劇場藝術科	廣播電視電影學系、戲劇學系、中國戲劇學系、舞蹈系、影像傳播學系等	藝術專業創作、管理，以及傳播、藝術與文化創意（如：電影場務人員、電視台工作人員、舞台設計助理、演員、歌手、樂團、攝影師、調音師、錄音師、剪接師、助理導演(播)人員、產品設計人員、室內設計人員、美術設計人員、漫畫家、藝術工作者、舞蹈工作者、音樂工作者、經紀人）等

資料來源：國中畢業生適性入學宣導網站 http://adapt.k12ea.gov.tw/

我可以選擇的升學管道

技術型高中生主要升學的目標是「四技二專」，四技修業 4 年，畢業後授予大學學士學位證書；二專修業 2 年，畢業後授予副學士學位證書，可再升二技，畢業後取得學士學位畢業證書。

四技二專主要入學方式包含「甄選入學」、「聯合登記分發」、「技優入學」（含保送或甄審）、「科技校院繁星計畫聯合推薦甄選」、「特殊選才聯合招生」、以及經教育部核准辦理之「各校單獨招生」等多元入學管道，升學機會極為暢通。

此外四技二專更是提供在職人士與高中畢業生最多進修管道的機會，包含晚上、週間、假日等配合不同產業排班時間之上課時段。而近年各科技校院更開設產學攜手合作計畫專班、雙軌訓練旗艦計畫專班、產學訓專班等產學合作班，除了提供學生就學時的

實習機會，並且與產業接軌增加工作經歷，更可培養學生紮實技術，擁有完全就業的能力。

除了四技二專之外，技術型高中生更可以經由學測參加普通大學個人申請、大學進修學士班與軍警校院獨招，甚至報考指考參加普通大學聯合登記分發。

四技二專主要升學管道

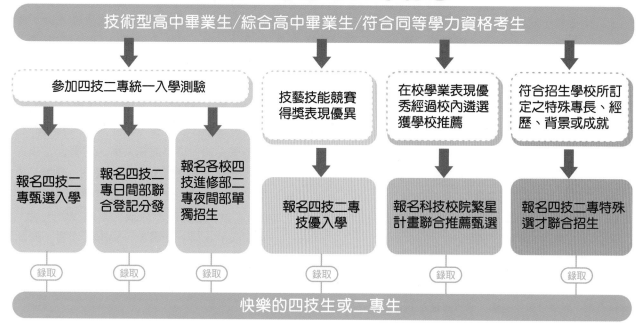

技術型高中畢業生/綜合高中畢業生/符合同等學力資格考生

參加四技二專統一入學測驗	技藝技能競賽得獎表現優異	在校學業表現優秀經過校內遴選獲學校推薦	符合招生學校所訂定之特殊專長、經歷、背景或成就

報名四技二專甄選入學	報名四技二專日間部聯合登記分發	報名各校四技進修部二專夜間部單獨招生	報名四技二專技優入學	報名科技校院繁星計畫聯合推薦甄選	報名四技二專特殊選才聯合招生
錄取	錄取	錄取	錄取	錄取	錄取

快樂的四技生或二專生

四技二專

經由統一入學測驗升學管道

90 學年度教育部開始實施「考招分離」，將考試與大學招生分開，只要同學參加技專校院入學中心所舉辦的統一入學測驗（簡稱為統測），即可以透過不同的招生管道，找到適合自己的入學之路。

四技二專統一入學測驗（統測）於每年5月舉辦，技術型高中群科與四技二專的招生系科相對應，並分為 20 個群（類）別，各群類別除共同科目考科外，皆包含兩科專業科目。配合 108 新課綱實施，考科範圍新增部定群專業科目及部定群實習科目，考試科目亦有做部分調整。

另外，各校依招收學生標準與需求制訂「彈性權重機制」，由各校系依照不同權重進行統一入學測驗各科成績計算，因此需要留意當年度的招生簡章，並了解自己的優勢科目與能力，選擇適合的校系就讀。

四技二專聯合登記分發－適合取得統測成績，想繼續升學的妳/你

聯合登記分發	適合熟悉考試技巧與測驗題型的學生。
	完全採計統測成績，可選填199個志願。

 ### 四技二專甄選入學－適合對單一校系有專長興趣的妳/你

四技二專 甄選入學	適合清楚自己的性向、興趣與目標，以及在校三年有多方面發展的學生。
	可選填3個志願，分兩個階段進行： 第一階段→經由統測成績進行篩選。 第二階段→通過成績篩選後，進行書面資料審查、面試或實作。
	111學年度起，書面審查資料內容重點如下： 1.「學習歷程檔案」將列為第二階段書審資料採計項目之內容。 2.「專題製作學習成果」及「專業實習（含實驗、實務）科目學習成果/報告」將更為重視。 3.需有技能領域科目學習成果。

甄選入學管道招生名額將占未來多元入學名額 70%，「學習歷程檔案」與「實作成果」成為甄選入學第二階段大學選才之基準。

經由技優入學管道

技優入學讓具備技能專才、實作優秀或技藝競賽獲獎選手，不需經過統測筆試測驗就可以升學。

自 111 學年度起，「技優甄審」及「技優保送」合併為「技優保送及甄審入學」，保送錄取生與甄審正備取生合併辦理就讀志願統一分發；而乙級（含）以上技術士證照將甄選入學第二階段之採計項目。

 ### 技優保送－適合技術卓越的妳/你

技優保送	適合曾獲各職類競賽全國前三名或曾入選為技能國手的學生。
	不需統測成績，可選填50個志願，由招生委員會依獲獎種類、名次及選填志願進行分發。

 ### 技優甄審－適合喜歡技術操作的妳/你

技優甄審	適合競賽獲獎或持乙級（含）以上技術士證照的學生。
	不需統測成績，可跨類選5個志願，再參加指定項目（面試、實作、作品集或書面資料審查等方式）甄審。

經由科技校院繁星計畫聯合推薦甄選

為拉近城鄉資源差距，無論妳/你的學校在都市或是偏鄉，只要在校成績表現優秀，都有機會申請理想的大學就讀。

科技校院繁星計畫聯合推薦甄選－適合三年在校成績表現優秀的妳/你

繁星計畫聯合推薦甄選	適合三年都就讀同一學校，並且成績一直保持優異的學生。
	1. 不需統測成績，只看在校前五個學期的成績排名。
	2. 經繁星錄取之學生，無論放棄與否，一律不得報名科技校院甄選入學之招生管道。 自111學年度起，比序項目增列「技能領域科目成績」（群名次之排名）作為第三順位之同名次比序順序之參酌根據。

經由特殊優異的身分

如果妳/你有一項才華出眾的技能或是具備特殊經歷，不需統測或學測成績，可以經由這個管道，凸顯自己與申請校系的適性與契合度，更加確立未來的方向。

四技二專特殊選才聯合招生－適合人稱鬼才的妳/你

技職特才組	適合在專業領域具有特殊技能、經歷、背景或成就的學生。
	自107學年度開始，招收符合校系所訂定在專業領域、特殊技能、經歷、專長或是成就之學生。
實驗教育組	適合非體制內學習，並具有特別表現的學生。
	自107學年度開始，招收參與學校型態或非學校型態實驗教育（含不具學籍自學生）之學生。
青年教育與就業儲蓄帳戶	適合參與青年教育與就業儲蓄帳戶方案之「青年就業領航計畫」或「青年體驗學習計畫」學生的學生。
	自108學年度起招生，完成2年或3年計畫者。

其他多元入學管道

經由學測、指考考試

當確定自己的未來方向落在普通大學的學系，或是未來想從事軍警職業，那麼準備參加「大學入學考試學科能力測驗」（簡稱：學測）或「大學入學指定科目考試」（簡稱：指考），就會是妳/你必須要進行「轉換跑道」的目標。

需要特別注意的是，準備學測考試的學科範圍與內容，均屬於普通型高中生學習的版本，與技術性高中的課程頗有差異，其中的挑戰需要更謹慎與認真的態度來面對。

適合想念普通大學的妳/你

個人申請入學	適合想轉考普通大學,且高中三年學習生活豐富的學生。
	1. 需參加學測,可申請6個校系,採兩階段進行大學申請。
	2. 必須留意所選擇的學系是否要求報名「術科」與「英聽」。
四技二專 申請入學	僅適合綜合高中或藝術群科的學生。
	需參加學測,可申請5個校系,採兩階段進行。
指考分發	適合喜歡攻讀普通學科並志在普通大學的學生。
	指定科目考試科目為普通高中內容,依欲就讀之科系選擇報考科目,每人可選項100個志願,統一進行分發。

適合想從事軍官或警官的妳/你

軍校正期班	適合想從事軍職,報考軍校就讀的學生。
	有「學校推薦」與「個人申請」、「統測入學」三種方式,需具備當年度學測或統測成績,採兩階段進行。而要考藝術學系者需加考專長測驗(音樂、美術、戲劇)。
中央警察大學 招生	適合想擔任警官警務,報考警察大學的學生。
	第一階段:需參加「大學入學考試中心」舉行的學科能力測驗。
	第二階段:由該校自行辦理。

經由獨立招生管道

　　除了上述的入學管道,還有與升學考試無關的其他各種獨立招生的管道。這些管道提供豐富的學習樣態,同時也擴展學習的彈性空間,讓就讀技術型高中的妳/你,能夠依照自己的需要,選擇一條最適合自己的升學進路。

適合需要白天工作而晚上讀書的妳/你

進修學士班	適合想讀普通大學,同時兼顧白天工作晚上上課的學生。
	為各所普通大學夜間部的獨立招生,需個別至學校招生網查詢招生資訊。
四技、二專 在職專班	適合先工作後,再依需求在職進修的人士。
	由各校獨自辦理招生,但需要技術型高中畢業後一年,有工作證明者,方可報考。
二專進修學校	適合已經有工作,只能在週末進修的人士。
	大多學校皆自獨立招生,少部分區域採取聯招,須詳閱簡章。

適合想要產業經驗、專才技能與學位並重的妳/你

　　想要提早投入產業職場,又想要兼顧學習,並且可以長時間接受訓練,藉以增加就業機會的學生為主。

產學訓合作班	1. 採各校獨立招生，報名期程及考試科目由各校自定，可向勞動力發展署各分署查詢合作學校，再逕洽各招生學校報名。 2. 運用學校學制，彈性實施教育及訓練。訓練期間由學校提供學校教育，勞動力發展署所屬分署提供專業技術養成訓練，並至事業單位受僱進行工作崗位訓練。
雙軌訓練旗艦計畫	1. 不需統測，各校獨招，需要筆試及面試。 2. 以事業單位工作崗位訓練為主，學校學科教育為輔。在訓練期間，勞動部勞動力發展署將補助每位訓練生每學期學雜費，和一般員工享有同等權利義務。

 ## 適合想成為軍警基礎人力的妳/你

臺灣警察專校獨立招生	適合想成為人民保母，申張正義的學生。 1. 招考甲組（消防、海巡類）及乙（行政類）、丙組（交通管理、刑事、科技偵查類）。 2. 警專自辦考試，分兩階段，初試合格後始進入複試。
軍事學校聯合招生	適合想從事軍職，但沒有參加學測的學生。 1. 有正期班、專科班及女性專業士官班聯合招生。 2. 由各軍事學校辦理獨立招生考試。 3. 相關資訊至「國防部人才招募中心」網頁查詢。

 ## 其他管道

運動績優單獨招生（四技二專）	適合具備單項體育專長或潛力、且長期培訓的學生。 1. 由各大學校院自行辦理招生作業，訂定其報名申請條件、招收之運動項目、成績採計方式及評分標準等，公告於招生簡章。 2. 各校並將辦理運動術科考試，以各運動專長項目能力測試或基本體能測驗為主。
藝術群系科單獨招生	適合具藝術、表演專長，或有興趣及有其潛力的學生。 1. 重視考生現場創作或表演實力，因此各校皆採單獨招生方式辦理招生作業。 2. 不採計統測成績，而以術科考試方式評量考生。
身心障礙學生特殊升學管道	適合領有身心障礙手冊或鑑定證明的學生。 1. 特教學生可參加一般升學管道（學測、統測、指考），但不會另行加分。 2. 本管道分為兩種「身心障礙學生升學大專校院單獨招生」及「身心障礙學生升大專校院甄試」。

大大樹
動動腦

🌳 哪些是適合妳/你的升學進路？

🌳 妳/你在升學進路的選擇上，考量的因素有哪些？

🌳 而這些考量的因素，對妳/你生涯發展上的影響又是什麼？

🌳 從現在開始，妳/你會為未來的升學進路作哪些準備呢？

5-3　念技術型高中不可不知的職業屬性與就業準備

妳/你終究要工作的，何不一開始就確定「什麼是工作」？

走過上一節豐富的升學管道資訊，無論是憧憬於升學目標，或是想直接進入就業市場，其實最後的目的不外乎是對「未來工作」的準備與投入。

每一個人從學校學習畢業之後，就要成為一位社會人士，如同學生的本業是「學習」，社會人士的本業自然就是「工作」了，也就是說，妳/你遲早都是要工作的，甚至也已經開始了。

可是，什麼是工作呢？又為什麼要工作呢？工作跟打工是一樣的嗎？而現在所念的技術專能，會讓自己未來從事怎樣的工作？這些問題非常的重要，接下來我們試著思考並且找到屬於自己的答案吧！

妳/你一定要知道的工作世界關鍵字：「職業」、「行業」

「職業」與「行業」是我們在認識工作世界最重要的兩個概念，這兩個概念截然不同，解釋如下：

1.　什麼是「職業」？

指的是工作者本身所擔任的職務與工作，可能散布在各種不同的行業中。例如：收銀員、會計師等。

2.　什麼是「行業」？

指的是工作者所隸屬場所單位之經濟活動種類，如：零售業、銀行業。舉例來說：美式賣場的收銀員，「美式賣場」屬於行業中的批發零售業，收銀員這份工作屬於職業分類中的服務及銷售人員。

大大樹來搜尋
請上 Google 搜尋

提供各行職業訊息查詢，包含提供完整職務內容、行業內容與薪資訊息說明，亦提供各項免費職業心理測驗及職業分享平臺協助了解適合的職業。

Jobooks 工作百科	🔍

未來我想要從事的職業是？

這個職業屬於哪個行業？

工作對我而言是什麼？以及其意義是？

就業準備！為誰準備？

職業輔導之父帕森斯 (Parsons) 提出，在進行生涯抉擇有三個步驟，也是求職與就業準備工作的三要素，包括有：

A. 對「自我」進行了解

認識自己的特質、性向、興趣、價值觀、能力等。

B. 對「職業」進行了解

瞭解對職業與工作世界的資訊，包括：職業的分類、職業的屬性與職業的資訊等三種職業知識。

C. 整合「自我」與「職業」的了解

最後，將所有蒐集到的資訊進行統整，才能適切的評估，做出正確的生涯選擇。

資料來源：金樹人(2004)。生涯諮商與輔導。臺北：東華。

求職管道

　　尋找職業的管道越來越多元，從早年的親友介紹、報紙分類廣告、電線桿上的徵人啟事，近年的就業服務站與人力仲介公司，到現在網路世代的人力銀行及就業博覽會等，提供了在職業道路上的許多選擇。

1. 人力銀行

是目前最方便的求職管道，如：勞動部的「臺灣就業通」與民間的「104」、「1111」等，提供了系統性且豐富的資料，且可透過網路隨時搜尋。

2. 政府就業服務機關

勞動部在各地的就業服務中心以及教育部青年發展署，兩處提供由政府輔導的就業機會，保障安全性高。

3. 報紙人力廣告

較傳統的求職方式，擁有最齊全的地區性資訊，是企業慣用的管道之一，但求職陷阱多，需要謹慎使用。

4. 就業博覽會

企業透過就業服務機構與學校合作，在畢業旺季進入校園辦理求才活動，提供畢業學生即時面試的機會。

5. 就業博覽會

由人資專家提供具專業且有效率的求才管道，經由數據建立人才資料庫，提供企業徵才管道。

6. 師長親友介紹

透過企業員工引薦親友人選，成功機率大，更免於求才陷阱。

人力銀行

求職管道

就業服務站

探索活動　就業大準備

請運用5-1生涯資訊網站「第一類生涯資訊網站：給想工作的妳/你」與5-2
從各群科看升學與未來就業「技術型高中－群/科別與升學/就業進路對照表」，
對妳/你目前所就讀的專科練習對未來職業的規畫與評估，最後再從帕森斯 (Parsons) 的三步
驟進行就業的準備：

 我所就讀的科別與未來職業的相關性

就讀科別	對應學群	升學相關學系	統測考科科目

我適合的升學/投入產業的管道			

就業領域	未來有興趣投入之相關職業

職涯亮點	學歷/證照需求	薪資水準

 帕森斯 (Parsons) 三步驟的就業準備

對自我的了解	對職業的了解	整合自我與職業
我有哪些特色、優點、能力、興趣對於投入未來的職涯是有幫助的？	我需要知道哪些職業資訊與內容對於規劃未來工作上是有幫助的？	整合自我與職業的了解後，我對自己未來就業準備的想法是？

5-4　面對工作世界的準備與工作需求

對妳/你來說，「什麼是工作？」妳/你能想像未來在工作中是怎樣的狀態嗎？回顧本章的生涯故事，黃聲遠建築師說：「做你真正在乎的事情才重要」，是否意味著，當妳/你面對自己的未來發展時，能夠清楚自己在工作上的準備以及需求，才能真正瞭解需求的真實性與工作狀態，進而體現工作上的樂趣。

什麼是「工作」？工作為了什麼？

電影《綠色奇蹟 (The Green Mile, 1999)》裡面有這樣一句話：「定義我們的，不是別人的看法，而是我們的行為。(We are defined not by others' opinions, but by our actions.)」也就是說，妳/你覺得自己會成為怎樣的人，不是靠空想或是自以為是來的，而是經由行動，來讓妳/你成為一個怎樣的人。

根據這樣的觀點，「工作」或許就是展現妳/你成為一個怎樣的人的行動。那麼，妳/你會怎麼思考「工作的意義」呢？

琉璃奧圖碼亞洲區總經理郭特利提出「同心圓理論」，對於工作下了一個定義：

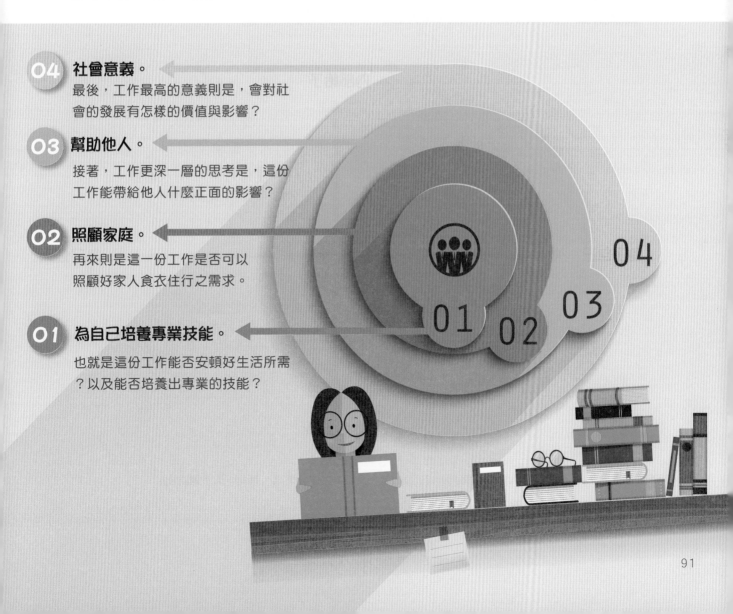

04 社會意義。
最後，工作最高的意義則是，會對社會的發展有怎樣的價值與影響？

03 幫助他人。
接著，工作更深一層的思考是，這份工作能帶給他人什麼正面的影響？

02 照顧家庭。
再來則是這一份工作是否可以照顧好家人食衣住行之需求。

01 為自己培養專業技能。
也就是這份工作能否安頓好生活所需？以及能否培養出專業的技能？

求得一份職業然後開始發展真正的工作時，除了獲取實質的經濟報酬外，其實還具備其他重要的意義，從同心圓的理論來看，工作不僅是餬口工具，也是自我的完整展現。

1. **內在價值：** 與工作本身有關，也就是工作能提供自我期望的滿足，包括工作中的成就感、自我實現與創造力等。

2. **外在價值：** 因工作而獲得的有價物，如：金錢、舒適生活等。

3. **社會價值：** 工作中的人我關係與對團體的貢獻，如：與上司或同事的關係、對工作單位的回饋等。

4. **聲望價值：** 受到別人重視與尊敬的程度。

工作對於自己的意義，也可以從工作擁有什麼價值觀來思考。什麼是「工作價值」呢？就是未來當妳/你在選擇職業時最重視的事情。而選擇職業最重視的事又來自妳/你自己與成長環境的影響。工作價值可分為下圖四類。

從這四類工作的價值來看，工作不單單只是一份技術的完成，更不只是一份職業的追求，反而是透過有價值的工作，滿足自己許多生活需求，甚至從中找到生命的意義，進而創造出生存的價值，這樣才是真正的「工作」。

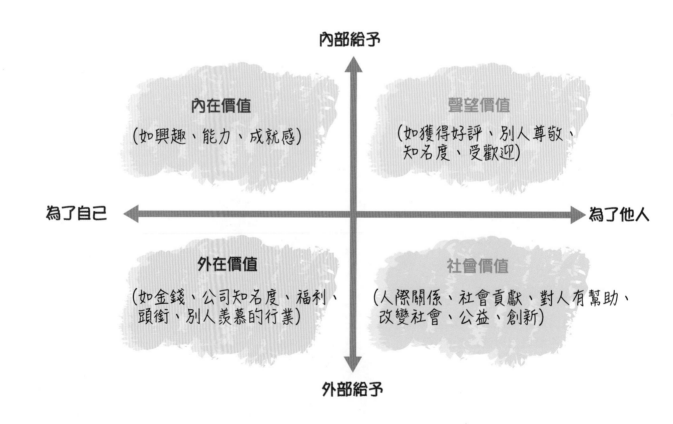

資料來源：**Cheers**快樂工作人雜誌：探索與成長**(2012)**。第三章工作大未來。臺北：天下雜誌出版。

探索活動

假如有一天我中了樂透頭獎，不再為金錢煩惱時，我還會繼續工作嗎？

如果不工作，那我想做什麼呢？

Yes

我決定要工作，因為…

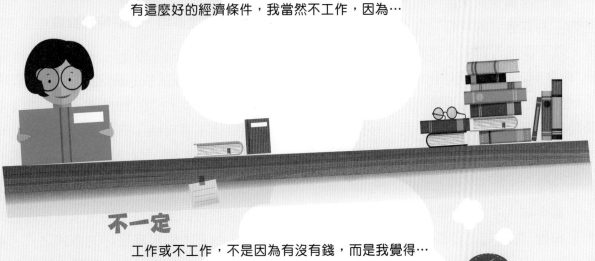

No

有這麼好的經濟條件，我當然不工作，因為…

不一定

工作或不工作，不是因為有沒有錢，而是我覺得…

未來工作的四大衝擊

因應科技時代的發展，人類生活將有突破性的躍進，未來工作上可能產生的變化，也將列入在工作準備時仔細考慮的因素。

1. 高齡化社會，人才荒造成職場四代同堂

臺灣如今正式進入老年社會的國家。高齡化社會將帶來嚴重的人才荒與經濟發展的停滯，經牛津經濟研究院 (Oxford Economics) 預測，到了 2021 年，臺灣將是全球人才供不應求最嚴重的國家。

面對老年社會，職場將出現「四代同堂」的景象，四、五年級生一直到八、九年級生在一個屋簷下共事將成為常態，同時也會帶來更多管理上的挑戰。

2. 全球人才大移動，非典型外派成常態

對於跨國企業來說，「市場在哪，人就在哪」為其發展的策略。在全球化的時代，人才將不斷進行跨國大移動。對於新世代的妳/你來說，生長於全球化的環境下，因此，「到海外工作」不僅不是苦差事，反而是求職時的重要吸引力之一。然而，移動到不同國家，工作性質差異極大，更不能與職涯向上發展劃上等號。

當全球人才大移動的浪潮襲來，意味著未來和妳/你一起工作競爭的對象將是全球各地的人才，那麼，選擇什麼工作內容才能加分？勇於挑戰新興經濟體，如東協、印非等，是否更能取得優勢？都是值得在跨入職場前，需再三考慮的問題。

3. 在地青年時代興起

「全球化」的另一端是「在地化」，同樣是下一波工作與人才的發展重心所在。面對過度「全球化現象」的反動，也悄悄興起一股「最在地，就是最全球」的聲浪，越來越多青年選擇回到故鄉或適宜居住的地區，發展自己的事業。

臺灣長年以創業精神聞名全球，拜高科技產業的發達，臺灣人才水準濟濟，資通訊設備完善，資金取得容易，形成了相當完備的創業聚落，對於想要創業的年輕人，將有更大的機會與資源，在自己喜愛的領域裡一展長才。

4. 貧富極度不均，低薪時代齊唱

「貧富不均惡化」在世界經濟論壇 (World Economic Forum) 每年選出的全球 10 大關鍵議題中，已在 2015 年上升為第 1 名，其嚴重性不言可喻。而臺灣貧富差距的程度更是僅次於美國，超過日本、法國、瑞典等國。

該如何因應貧富不均帶來低薪時代的難題呢？個人主動出擊最好的方式之一，就是「創新」，創新可以帶來改變，改變制度的不公平，然後改變自己低薪的處境。而創新加上創業，更掀起了這幾年數位時代下「新創」的風潮。

Google 大大樹來搜尋
請上 Google 搜尋

Cheers 雜誌「工作大未來關鍵報告－4 大浪潮衝擊臺灣職場版塊」

我對未來工作世界的衝擊有什麼想法？

對於未來世界的變化，我可以如何因應與準備呢？

航向未來工作世界

「改變」無所不在，10 年後，未來的工作職場和現在有何不同？

「預見」時代的變化，掌握自己的定位，就讀技術型高中的你，準備好了嗎？

「讓我和你一起分享這全新的世界。」

Let me share this whole new world with you.

— 《阿拉丁 (Aladdin)》

7大項科技技術與應用，掌握未來人類生活形式

Atkinson

針對人類的發展，美國PC Magazine總編輯丹‧哥斯達(Dan Costa)表示，他認為將有7大項產品或應用會改變未來人類的生活。包括了物聯網、智慧城市、虛擬實境與擴增實境、區塊鏈、語音辨識以及人工智慧。而這些產品或應用，將不會單獨存在，而是交互應用，才可為人們生活帶來更大的便利性。

物聯網有發展，有商機

首先，就是目前當紅的物聯網(IoT)應用。根據統計，目前全球約有84億聯網裝置，這對比全世界還有20億人沒辦法上網，物聯網市場比人聯網規模更大，成為未來人類的共同方向。未來藉由各項物品聯網獲得各種數據，之後衍生出的數據經濟將是不可限量的新興經濟。

智慧城市解決人類生活問題

智慧城市的部分，根據調查，到2050年全球有將近70%人口住在城市。都市化的情況也會形成許多問題，包括交通、能源、衛生等各方面。過去針對智慧城市，多數偏向物聯網、感測器、交通運輸層面，現在大家會藉由私人企業、公部門及非營利單位之間的溝通合作，完成智慧城市。

未來5G系統問世，全球針對智慧城市的管理將會有同一規格，使各個智慧城市的管理回歸統一，進而提升生活品質，滿足智慧城市對人類生活的供給。

AR、VR，與區塊鏈將建立新的生活模式

虛擬實境(VR)、擴增實境(AR)應用未來會有爆炸性發展，相關產業會相繼投入，更多使用者體驗及更新的人機介面與人機發展，會帶來科技層面的變化。

語音辨識創造革命性的應用

語音辨識技術20年前就已存在，只是十分之一的出錯率與現在99.9%正確率相比，簡直不可同日而語。Google、Apple都介入語音助理產品，很快會讓聲音取代鍵盤，成為新的革命性應用。

人工智慧省思取代人類工作內容

最後，也是大家最寄予厚望的人工智慧(AI)技術。人工智慧指的是超人腦技術，而非利用認知進行或取代人類的工作。人工智慧要成功，必須包括：第一，驅動力，就是在大數據的基礎上達到一定的效能；第二，演算能力，目前晶片發展已具備；第三，演算法架構，這也是發展人工智慧最難的部分。

值得注意的是，未來各行業人工智慧崛起，取代許多工作是不可避免的趨勢，這也是之後需要面對的問題。

丹‧哥斯達(Dan Costa)最後表示，這7大項先進的技術與應用並不是單獨存在，而是交互作用與整合。人類如何整合這些新科技，並加以協調應用，將會是重要的關鍵。

－Atkinson/科技新報Tech News

延伸思考

科技無所不在影響目前的生活,也快速地改變著我們的世界,當文明向前方快速飆飛時,勢必使得人類生存方式需不斷更新,想一想:

 文章內提到的幾項科技,有哪些已經出現在妳/你的生活裡?這些科技為妳/你帶來什麼影響呢?而妳/你又會如何應用?

 未來 10 年後的工作世界,將會變成什麼樣子?哪些是在未來世界中所需要的,哪些從過去到現在的世界仍持續發展的,而哪些又將被淘汰呢?

 針對妳/你目前所學習的技術專能,妳/你可以儲備哪些技能與知識,面對未來世界的挑戰與需求呢?也試著預估自己所學技術型高中的相關產業,在 10 年或 20 年後的發展趨勢吧!

6-1　產業趨勢與就業人才需求

產業的變動趨勢

　　想一想，如今雲端、網路、大數據、人工智慧等科技正高速發展，全球化與區域經濟的興起，使得人才快速地移動，這樣生活樣態的改變，對於整體的產業轉型和發展趨勢有什麼影響呢？當面對正在發生以及即將發生的全球變動趨勢，不改變，就淘汰；要生存，就進化。

　　我們可以從全球發展趨勢六大主軸，來深入剖析全球未來產業大趨勢（如下圖），可看出「生技產業」、「觀光業」、「綠色能源」、「醫療照護」、「精緻農業」及「文化創意產業」成為臺灣新興產業的發展重點，如何站在產業變動的浪頭上成為新時代的人才，則是正在技術型高中學習的妳/你當務之急的任務與挑戰。

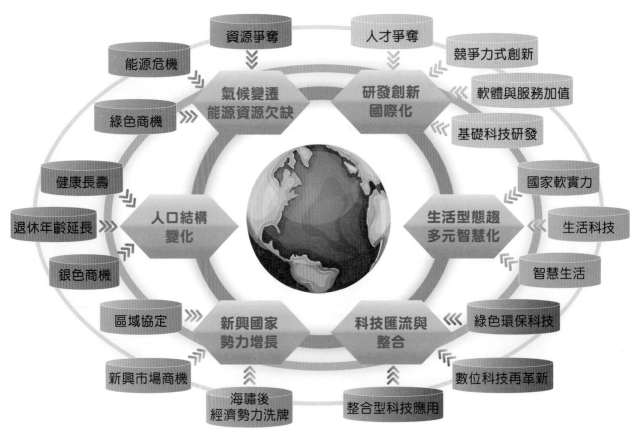

資料來源：經濟部2011年發表《2020產業發展策略》。

大大樹 動動腦

從全球發展趨勢來看產業的變化，妳/你發現了什麼？

哪個議題是妳/你最關心、未來最有興趣投入的？

大大樹來搜尋
請上 Google 搜尋

我們身處在一個世界趨勢變化的時代，想多了解政府的產業策略報告與具體創新政策計畫內容嗎？

勞動部六大新興產業

變動的就業需求

　　因應世界趨勢的變化，產業就業人口的樣貌自然會不斷變革，在選擇職業與準備求職前，除了考慮是否為當前熱門行業之外，就業市場與人力供需因素需要一併考量，才能全面地掌握就業需求上的脈動，進一步給自己更務實也更具有未來潛力的職業選擇。

熱門行業

顧客想什麼，切忌一頭熱

反映當下最多人在意的產業排行現象，以及產業發展的熱絡程度。

人力供需

老闆要什麼，趨勢看清楚

產業提供的工作需求與實際應徵的就業者之間的比例。

就業市場

工作在哪裡，發展在哪裡

要做什麼工作前，得知道這一份工作最適合發展的地方。

投入熱門產業對應徵工作的選擇性有更多的機會與保障，然而要特別注意的是，「蛋塔效應」帶來行業泡沫化的可能。

就業市場「僧多粥少」或是「僧少粥多」的狀況，造成失業多或就業蓬勃的現象。

例如

科學園區提供科技產業相關工作、商業區提供銷售服務等工作。

生涯規劃
CAREER PLANNING

探索活動　從缺工看就業需求

請你從行政院主計處所公告各產業最新空缺員工的概況，來看臺灣人力需求的趨勢，並搭配上網搜尋相關資料，想一想：

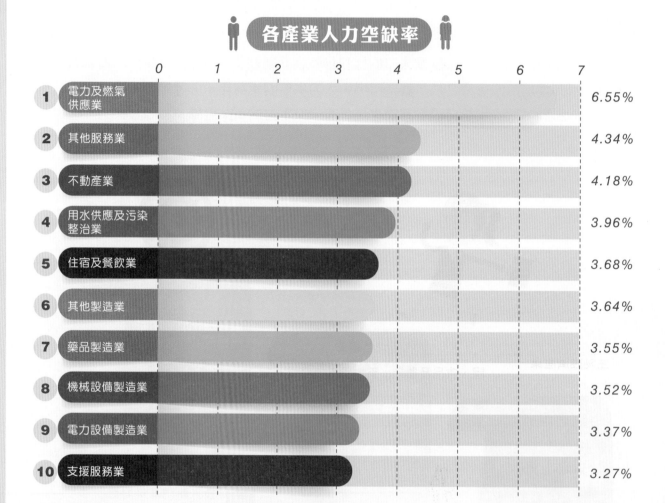

各產業人力空缺率

排名	產業	空缺率
1	電力及燃氣供應業	6.55%
2	其他服務業	4.34%
3	不動產業	4.18%
4	用水供應及污染整治業	3.96%
5	住宿及餐飲業	3.68%
6	其他製造業	3.64%
7	藥品製造業	3.55%
8	機械設備製造業	3.52%
9	電力設備製造業	3.37%
10	支援服務業	3.27%

空缺率→空缺員工人數/（受僱員工人數＋空缺員工人數）

資料來源：行政院主計處107年事業人力僱用狀況調查報告統計表https://www.dgbas.gov.tw/ct.asp?xItem=43856&ctNode=3318&mp=1

🪐 請透過資料搜尋，了解什麼是「其他服務業」、「支援服務業」與「其他製造業」？

🪐 最缺工的前十大行業中，多為什麼行業？以前幾年多為服務業來看，妳/你覺得這代表什麼意義呢？

🪐 妳/你覺得這些缺工的行業是否就是熱門行業？原因為何？

🪐 在了解臺灣產業與職場的人力供需狀況後，妳/你在選擇科系與就業上又會有什麼想法？

科技時代的新職場

透過虛（網路大數據）與實（實體製造）整合，實際掌握
與分析終端使用者（消費者）的需求，來驅動生產、服務甚至
是商業模式的創新，這是科技文明新一代的革命。因應這個
時代巨變的趨勢，在產業的轉型與變革下便出現了「新職
場」，大大地改變了我們的工作。

新職場	特色說明
大數據	透過分析使用者搜尋相關的關鍵字，達到「未卜先知」的需求。
電子商務	任何經由電子化形式所進行的商業活動，也就是商務與網路的結合。
數位行銷/內容行銷	經由通訊或社交軟體的社群互動，建立自己的「品牌」，提供宣傳商品與服務的需求，讓廣告效應發揮巨大影響力。
物聯網	讓生活中所有用品搭載感知技術與網路連線能力，透過隨時蒐集的數據，提供人們生活必要資訊。
雲端運算	透過電腦、手機與平板建立數位資料庫，增加生活與工作更多便利性。
4G/5G	經由速度更快、頻寬更大的行動通訊技術，進入以影像傳遞與溝通為主流的時代。
機器人	自動化科技取代人力，提供「工業型」與「服務型」機器人之應用。
生物經濟產業	將生物技術的應用聚焦在「藥品及其服務、醫療器材及其服務、健康照護、食品及農業」五大領域的發展。
綠色商機	從事節省能源、降低汙染與可回收產品的產業或商品，關鍵字為「環保、節能、有機」。
高齡照護	因時代已逐漸步入超高齡社會，帶來了「照護設備」、「居家服務」及「居家輔助設備」的需求，建立「長照樂齡生活」是現代社會當務之急。

大大樹 動動腦

搭配學習手冊「新職場與我的職涯選擇」，進一步了解這十大新行業所對應的「熱門工作」與「潛力科系」，並思考下面的提問：

- 我目前就讀的類科，可以投入的新職場有哪些？
- 我所學習的專業技能，在未來新職場中的競爭力會是什麼？
- 面對新職場的發展趨勢，我會面臨哪些挑戰？我又要怎麼儲備面臨挑戰的實力？

擁有未來人才的基本能力

隨著人工智慧、機器人未來將取代大部分的傳統勞務例行工作，人力資產中，關於天賦、思辨、同理心、創造力等將是下一波新經濟的重點，未來工作沒有SOP，創新、想像，才能為自己創造工作。工作會消失，但學會的技能永遠帶得走。

回到正在技術型高中教育學習的妳/你身上，「知識學習」不只存在於課本及課堂老師的講授中，更需要在生活各處中學習，唯有主動參與活動，拓展個人的生活經驗，藉以提高學習動機，進而增加就業競爭力，才能凸顯自己與他人不同之處。因此要能夠成為未來世界的「人才」，現在的妳/你，可以從下列五項技能開始練功喔！

1. **基本能力養成：** 在一般學科的語言能力及邏輯思考能力課程中，更要修習其他科目，奠定日後終身學習的基礎。

2. **充實專業知能：** 除本科課程外，著重實習、專題製作、產學合作等實作課程，更透過專業證照的考取，持續提高職場的就業能力。

3. **增加自我認識：** 充分了解自我的各項特質及優勢能力，並媒合各科的屬性來協助自己的生涯選擇。

4. **積極參與活動：** 主動投入公共服務、社團活動及創新營隊，培養跨領域與人際互動合作的能力。

5. **善用網路資源：** 進入網際網路時代，需要操練自己系統搜尋及篩選網路資訊的能力，並且不斷充實相關知識。

軟實力 是王道！未來必備十大核心能力

| ✔ 能力 | ✔ 基本技能 | ✔ 核心技能 | |

認知能力
- ⑩認知彈性力
- ③創造力
- 邏輯推理力
- 問題敏感度
- 數學推理力
- 可視化能力

內容技能
- 主動學習力
- 表達力
- 閱讀理解力
- 寫作力
- 資訊能力

社交技能
- ⑤協同合作力
- ⑥情緒智商
- ⑨談判力
- 說服力
- ⑧服務導向
- 訓練力

資源管理技能
- 財務管理
- 品項管理
- ④人力管理
- 時間管理

物理能力
- 體力
- 手作力

處理技能
- 積極傾聽
- ②思辨力
- 自我管理力

系統技能
- ⑦判斷與決策力
- 系統分析力

- ①解決複雜問題的能力

技術技能
- 設備維護力
- 設備運營力
- 資訊程式能力
- 品管力
- 顧客體驗設計力
- 故障排除力

IDEA
CREATIVE

6-2 世界動態中的新世代職涯發展

在新創中成為小池塘中的大魚

進入科技智慧時代之後，產業的創新研發將是技術型高中教育的重點，臺灣產業也逐漸從代工階段走向自創品牌，因此「開創」在全球性科技領航的時代中，自會是新型市場發展的方向。

彼得‧提爾(Peter Thiel)與布雷克‧馬斯特(Blake Masters)在合寫的《從0到1》一書中提到對創業家的建議：「要打造一個有創意的企業，且必須是獨占的，得在提供的產品與服務上，精熟到同業難以追產，且顧客無法找到替代品。」彼得‧提爾(Peter Thiel)進一步提出四點開創的要素：

1. **專利技術**：擁有比任何替代品好10倍以上的專利技術，才能創造價值。

2. **網路外部性**：運用社交軟體的「口碑傳播」，讓自己的技術被越多人看見，就能夠創造越好用的價值。

3. **經濟規模**：在投入就業與開創時，就要能夠預估可能成長的潛在客戶進而發展，才能不斷擴大規模，讓成本降低，獲利提高。

4. **創立品牌**：具有建立一個具有專技實力與獨占市場能力的個人品牌。

新創領域不斷發展

2018年，數位時代科技媒體在提出的《全球創業生態系報告(GSER, Global Startup Ecosystem Report)》中認為，目前世界已進入網際網路的第三波數位革命，活躍於這波數位革命的新創行業則聚焦在先進製造與機器人(Advanced Manufacturing & Robotics)、農業科技與新食物(Agtech & New food)、區塊鏈(Block chain)、人工智慧/大數據與分析(Artificial Intelligence, Big Data & Analytics)等四大領域。

未來許多工作將會消失，新領域、新科技將帶領第四波工業革命全面席捲世界，210萬個新工作正在誕生。做之前沒人做過的事、改良或解決過去的問題，隨著數位科技日益更新的社會現象，創新產業快速的變化，妳/你準備好了嗎？

四大熱門創業領域

01 手作文創

特色 強調獨特、手工製作、充滿設計感與人文風情的獨立小店。

投入要件
1. 在「創作」與「商品」間找到平衡。
2. 練就對產品銷售的敏銳度與對市場直覺。
3. 多徵詢客人售後的意見。
4. 對沒人做過的事適度創新。

02 群眾募資

特色 將粉絲和點閱率轉化成為實際的收入或是圓夢資金。

投入要件
1. 做自己想做的事情。
2. 做社會認同的事情。
3. 做自己擅長的事情。
4. 做有收入來源的事情。

03 電子商務

特色 擺脫削價競爭的紅海市場，打造獨特品牌的藍海市場。

投入要件
1. 精選「引發搜尋動機關鍵字」商品。
2. 透過商品組合建立品牌賣場的形象。
3. 開發獨家商品。

04 社會企業

特色 「邊做好事邊賺錢」，在成就他人的理想中創造財務自足。

投入要件
1. 在「定義自己」之中創造獲利模式。
2. 以支出回推所需收入。
3. 理想和獲利拉扯時，需要保持初衷，勿以營利為主。

資料來源：「站上創新浪頭！創業家的4道修練」。Cheers快樂工作人雜誌，172期，86~87頁。「最HOT的新創領域」。Cheers快樂工作人雜誌，172期，92~96頁。「2018年全球創業生態系」。James Huang。數位時代網站。www.bnext.com.tw/article/ 48832/summary-to-2018-global-startup-ecosystem-report-in-chinese

探索活動　創業密技大公開

請上網搜尋「10個好建議，給想創業的你」，並勾選出對妳/你來說具有實用性的建議，想一想：

10個好建議，給想創業的你 🔍

- ☐ 先求職還是先創業？兩者不衝突。
- ☐ 找朋友創業，但團隊不要只有朋友。
- ☐ 把公司願景置於個人抱負之前。
- ☐ 急尋創投，不如接觸大企業。
- ☐ 參加創業家聚會，但別過度「取暖」。
- ☐ 直接去「你最想改變的地方」露臉。
- ☐ 不要忽略網路社群的力量。
- ☐ 資源有限，留意「單位時間」的產出。
- ☐ 環境變動越快，越需要異質化團隊。
- ☐ 不管多努力，都要設定停損點。

🐞 我勾選出的創業建議，對我的意義是？

🐞 我會如何運用這些建議來增加我對未來就業或是創業的準備？

🐞 沒有被我勾選到的項目，我是怎麼想的？

🐞 我認為「創業」需要具備哪些能力、條件與準備工作？即使我沒有打算創業，這些創業具備的因素，對我有什麼幫助？

資料來源：「**10個好建議，給想創業的你**」。**Cheers快樂工作人雜誌，172期，98~99**頁。

一機在手，橫跨國際

科技的發展、人口老化的變遷、新產業與新顧客的需求、新興經濟體的崛起以及全球化市場，這些因素對未來工作趨勢產生劇烈的交互作用，因此「跨國性」與「多元化」的全球化人才流動，勢必是工作市場的主流現象，在這個現象下，「國際化人才」與「跨文化」的訓練日益受到各領域的重視。

探索活動　浸泡多元文化的跨國工作

「一家跨國公司，市場部門會議正在進行。近20多名與會人員中，有東方面孔，有外籍面孔，並且透過連線，視訊另外一端是遠在國外的分公司人員。會議中，季度計畫是用英文撰寫並展示的，討論的語言則中英日歐語文交織…」

這是全球化背景下越來越多跨國公司出現的一幕，試著想想如果妳/你是其中的一員，妳/你該如何與來自全球的夥伴一起工作呢？而面對不同民族所帶來的多元文化，妳/你又要如何與之相處呢？

跨文化的團隊挑戰

挑戰 01
時區不同，開會、溝通大不易

挑戰 02
文化差異造成誤解，加深隔閡

挑戰 03
文化、地緣、人口與結構分歧

辦公室越來越像小型聯合國－多元文化下的團隊合作 🔍

妳/你覺得「多元文化的合作」與「跨國團隊」是什麼？

關於跨文化團隊的挑戰，如果是妳/你的話會怎麼做呢？

跨文化的團隊合作

請勾選妳/你覺得跨文化的團隊合作重要的選項。

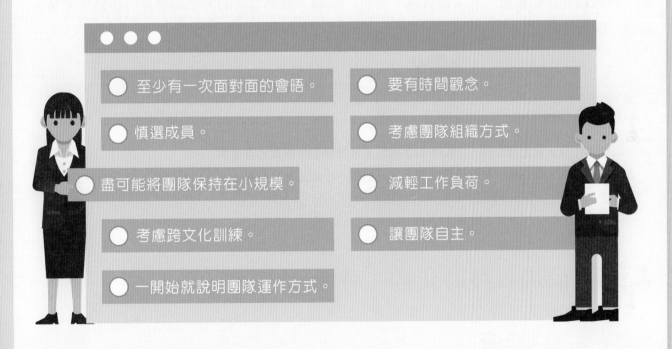

- 至少有一次面對面的會晤。
- 要有時間觀念。
- 慎選成員。
- 考慮團隊組織方式。
- 盡可能將團隊保持在小規模。
- 減輕工作負荷。
- 考慮跨文化訓練。
- 讓團隊自主。
- 一開始就說明團隊運作方式。

對我勾選出的重要選項，我的想法是？

而沒有被我勾選到的選項，我又是如何考慮？

請參考6-1未來人才的基本能力，妳/覺得哪些能力可以幫助妳/提升多元文化的敏感度與團隊合作的默契？原因是？

跨國團隊有效運作9原則

資料來源：「辦公室越來越像小型聯合國－多元文化下的團隊合作」。**Cheers**網頁。「跨國團隊有效運作9原則」。經理人網頁。

找尋新時代的職人楷模

經由對產業趨勢發展以及新世代的新創更多認識後，想一想，未來妳/你要從事的行業會是什麼？又會怎麼發展？找一兩位資深的或是創新的職業工作者談談吧！從這些前輩的身上，可以更了解該職業的甘苦，也可以思考自己未來投入這項工作的準備與可能性，更可以實際的了解該行業在工作環境、待遇福利與職場倫理等各種資訊，真可說是一舉數得呢！

妳/你可以透過搜尋網路上生涯人物訪談影片或實際進行生涯人物訪談，找尋一位從事妳/你所感興趣的職業的資深工作者，深入瞭解他的生涯故事。在科技快速發展的時代裡，站在巨人的肩膀上，將可以看得更高更遠，能夠充分與實務經驗工作者接觸，不但可以拓展妳/你的專業學習與工作準備，他們豐富的人生閱歷更可作為未來是否投入該職業的重要參考。

大大樹tips

1. 觀賞生涯人物訪談影片－搭配學習手冊「生涯訪談影片觀賞心得書寫」。
2. 小組生涯人物訪談－搭配學習手冊「生涯訪談～小組工作企劃書」、「生涯訪談工作四階段」。

6-3 儲備科技時代的工作力

成為「職人」的三招

無論是日本、瑞士與德國的工藝，或是法國的服裝時尚、義大利的香氛、米其林三星的美食等，都會讓我們讚歎其手藝之精湛、品質之優異，而同時我們會為了生活裡不時出現的「黑心商品」感到生氣。一項產品因為來自不同的材料、技術以及品管要求，便有著截然不同的產值，其中最重要的元素就是所謂的「職人精神」，一種對於工作的態度與自我要求的道德價值，簡單來說，就是尊重自己所從事的工作，並且在職業的領域中認真做好一件事，如同日本人所言，「一生懸命」，是身為一位職人最根本的工作倫理。

而這樣的工作倫理，主要表現在「敬業態度」、「團隊合作態度」以及「守法守分的工作態度」這三方面。

成為「職人」的三招

敬業態度

對自己投入的職業具備「使命感」跟「認同感」，每個企業都有所謂的「企業文化」，因此，能夠認同公司的文化並安於自己的工作，就是一種敬業精神的表現。敬業的人，把公司當成生命共同體，持續成長外還能精益求精，達成使命感。

團隊合作態度

懂得和他人合作的人，才能促發團隊合作。
能夠充分發揮團隊合作的精神有三個要件：
1. 培養互動溝通的能力。
2. 虛心受教，欣賞他人。
3. 善用同理心，建立對等的關係。

守法守分的工作態度

遵守公司的員工守則，以及了解公司文化的潛規則，都是初進公司時重要的道德考量原則。因此「用眼去看、用心感受」，隨時調整自己在工作上的最佳狀態，培養一個正確的工作態度，進而能夠「樂在工作，發揮潛能」。

大大樹 動動腦

在大自然裡，大雁每一年都要長程的遷徙，而雁群遷徙是團體行動，每次的遷徙雁群V字形（或人字形）飛行，會比單飛增加了百分之七十的飛行距離，因此可以飛得更遠。因為在V形隊伍中緊接在後的雁鳥可以藉助前一隻同伴鼓動翅膀產生的上升氣流而節省力氣、延長飛行里程；而飛在V字最前面的排頭雁，當鼓動雙翼飛翔時，對尾隨在後的同伴具有「鼓舞」的作用，隊伍中後面的雁，則會以叫聲鼓勵前面的伙伴繼續前進，於是能飛得更久。

當排頭雁飛累時，就會緩緩飛至隊伍旁列隊；同時，原先列居其後的一隻野雁，自然而然地遞補其領導位置，繼續整個行程。且當有雁隻生病或受傷時，其它兩隻會由隊伍飛下協助及保護牠，一直到牠康復或死亡為止，然後牠們自己組成隊伍再開始飛行，或者去追趕上原來的雁群。

- 在工作團隊中，每個人有不同的任務和角色，從雁的故事裡，妳/你想到什麼？
- 而雁的遞補領導、互相鼓勵與協助保護，又代表了怎樣的態度與倫理呢？
- 「恰如其分」這四字是否能夠展現飛雁故事的精神？妳/你的想法是？

就業前的準備

第一關 求職管道的選擇

開始找工作時，必須要先知道哪裡有就業資訊或就業機會。除了傳統的報章雜誌、親友介紹外，網路上人力銀行訊息也是求職的重要來源，運用不同管道篩選適合的求職資訊，才能有效率的找到工作。此部分的資訊，可參考5-1與5-3。

第二關 對公司的挑選

選擇具有發展性的小公司好？還是直接到穩定性高的大公司好？或是挑戰外商企業增進國際觀？對工作單位的挑選，也是決定未來職涯的重要依據哦！

第五關　筆試與面試

面試給公司和應徵者提供了雙向交流的機會，能使彼此相互了解，從而更準確做出聘用或受聘與否的決定。

- who 我是誰？（進行自我介紹）
- why 我為什麼來應徵這份工作？（說明動機）
- what 這份工作的內容是什麼？（表達對職務內容的認識）
- where 我想要如何發展？（規劃生涯與個人志向的發展）
- which 我生命中的重要歷程？（表達個人優缺點、成功或失敗經驗）
- how 我會如何做好這份職務？（展現學歷背景和專業）

第四關　履歷表與自傳的準備

履歷表是自我推銷的工具，把自己學經歷與優點長處透過精湛的文字推銷給人知道，將有利爭取面試機會。而一份好的履歷表，需要簡潔有力、畫龍點睛，陳列出生涯中所有成就的重要指標。履歷表的基本架構如下：

1. 基本資料欄　　　2. 履歷照片
3. 學歷欄　　　　　4. 工作經驗欄
5. 專業與特殊能力欄

自傳就像產品廣告的DM一樣，透過自傳強力地自我推銷、凸顯優勢，才有為自己贏得工作的機會。書寫自傳要能提供企業想知道的訊息，凸顯個人與所應徵職務間的關係，也就是「求職者是否符合企業的需要」。因此自傳書寫的架構如下：

- 第一段 我的學歷、學科、學習
- 第二段 我過去的工作、社團經驗所呈現的經驗及個性
- 第三段 強調個性上的競爭力

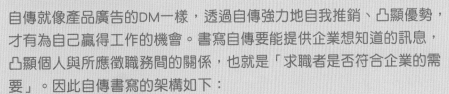

第三關　了解企業文化與核心價值

公司的企業文化是一種對人事物的態度、氛圍與風氣，而核心價值則是心中對事物的選擇與判斷，因此能不能接受工作場合所營造出來的工作氣氛是很重要的，影響一份工作是否能夠長久耕耘與發展的重要因素。

重新的選擇—轉換職業跑道的八法

「我該不該重來？要不要轉變？如果轉換其他跑道，會有更好的表現嗎？結果會如願嗎？」在工作一段時間後，許多人開始出現轉換職業跑道的打算，但要停下「現有的」而想要轉到「未來可能會有的」，自然會有「未知不可預測」的狀況出現，進一步產生焦慮、疑惑、對未來不確定的不安等情緒；轉換職業跑道需要心情的沉澱、周延的思考、不後悔的勇氣以及具體可行的行動，這四者相輔相成，才能成功地轉換跑道，以下我們就逐一來看看轉換職業的八個妙方吧！

1. **釐清轉職的考量：**是薪水問題？工作地點問題？工作時間問題？毫無成就感？或是與同事長官相處不佳？

2. **找到自己的定位：**再一次自我探索，重新思考人格特質、價值觀、生涯能力以及興趣與熱情等，形成在生涯抉擇上的重新自我定位。

3. **列出期望的目標：**什麼才是最重要的？是自己想要的？擬定目標與方向。

4. **考量轉職的能力：**思考自己有多少能力可以順利轉職？足夠經驗？專業能力？有充足的人脈？暫時可以支撐生活的經濟能力？

5. **找出各種的方案：**給自己至少三個以上的轉職方案，並思考可以達到目標的方法與各種可能的結果。

6. **設下風險與底線：**在這種方案中設定風險的底線與停損點，避免更大的危機。

7. **排出行動的計畫：**經由優劣條件後，以及所有相關決定因素的考量後，排出行動的先後順序以擬定出可行的計畫。

8. **採取實際的行動：**依擬定的行動計劃，確實地進行轉職的具體行動。

天生我材必有用，每個人都具備獨特的性格與技能，在選擇職業或是職業轉換過程中，想一想如何發揮個人的才能，並且確認想要追尋的價值或意義，避免讓自己「隨波逐流」，才能在漫長的職業生涯中，維持工作的熱情並贏得人生的成就。

6-4　確保勞動權益促進職場健康

勞工法令的認識

　　從我們應徵工作踏入職場開始，政府都有制定相關法令來說明工作者與雇主彼此的權利與義務，以增進勞資雙方良好的工作關係。身為工作者必須知道自身的權利與義務，身為雇主也必須了解如何提供安全健康的環境，保障勞工的權益，進而強化員工的向心力，提升公司的營運成效，創造雙贏。

職業安全衛生法

　　根據統計，我們一生平均約有8,000個左右的日子在工作，每天至少約有1/3的時間是在工作場所渡過，因此工作環境對個人的健康與安全的影響很大。因此，為了提供勞工適切的工作環境、防止職業災害，保障勞工自身工作的安全及健康，政府制訂「職業安全衛生法」，用以規範雇主：

> **大大樹tips**
>
> 職場安全的縮影來自學校的安全衛生的推動，面對校園中的實驗室、試驗室、實習工場或試驗工場等空間，我們在就學期間就要養成良好使用與維護習慣喔！
>
> 請參考：教育部「學校職業安全衛生管理要點」。

勞工安全衛生法

於1974年公布施行，提供必要的安全健康保障，工作場所的設備環境應符合規定外，亦應施予安全衛生及預防災變的教育訓練，此外雇主應事前考慮體能，予以適當配置工作，使勞工免於發生職業災害。

職業安全衛生法

經過我國產業結構改變與勞工面臨過勞與新興疾病的威脅，「勞工安全衛生法」於2013年進行修正為「職業安全衛生法」，有以下幾項重點：

1. 擴大適用範圍：所有行業都適用，從670萬人擴大到1,067萬人。
2. 防止過勞：雇主須對輪班、長時工（包含通訊軟體加班）採取預防過勞措施，避免造成職業病傷害。
3. 勞工退避權：勞工對於工作有危險之疑慮時，可拒絕其工作。
4. 禁職場暴力：嚴禁雇主或勞服對象對勞工進行肢體或冷嘲熱諷等職場暴力。
5. 健全女性及少年勞工之健康保護措施。

勞動基準法

「勞動基準法」（以下稱為勞基法）保障著全職或工時的勞動人員的各種勞動條件，如工資、工作時間、休息休假、請假、職災補償、保險及安全衛生等。而將這些的保障於受僱時簽訂於「約定勞雇關係之契約」，也就是「勞動契約」，所以在確定工作時要仔細確認契約內容，是否合乎勞基法之規範。

勞基法載明的「勞動條件」，基本上是「使勞工維持基本尊嚴與正常生活的必需條件」，簡言之就是「保障勞工最低限度的勞動條件」，因此只要雇主給予勞工低於勞基法要求的勞動條件，就是違法行為，勞工得給予檢舉，以維護健康的勞動環境。勞動條件之要項大致如下：

1. **工資**：工資由勞雇雙方議定之，但不得低於基本工資，依勞基法第21~29條規定。

2. **工作時間**：勞工正常工作時間每日不得超過8小時，每週不得超過40小時，為因應各行各業不同之營運型態或延長工時等情形，依勞基法第30~33條規定。

3. **休息、休假**：工作每日休息時間、每週休息日與每年特休日則依勞基法第34~43條規定。

4. **請假**：於工作期間，勞工有請公假、事假、婚假、喪假、病假等權利，依《勞工請假規則給假規定》辦理。

5. **職災補償**：因遭遇職業災害而致死亡、殘廢、傷害或疾病時，雇主應依相關規定予以補償，職災補償依勞基法第59~63條規定。

6. **保險**：勞工到職日工作單位就必須為其辦理「勞工保險」、「就業保險」，確保發生職災與變故時可以獲得保障。

7. **安全衛生**：雇主應依職業安全衛生法規定，提供必要的安全健康保障。

探索活動　勞動案例Q&A

　　小安是一位技術型高中生，利用寒暑假學校沒課時，在家附近的手搖飲料店打工，小安的老闆告訴他：因為他是工讀生，所以沒有勞保。小安急需這份工作，且附近店家的時薪大多只有 100 元出頭，而這一家時薪是 120 元，是附近薪資最高的店家。因此小安覺得只要薪水高，沒有勞保應該也沒關係，於是就接受了這份工作。

　　飲料店的生意很好，店裡人手不足，因此小安每天都要工作快 10 個小時才能下班，而且幾乎沒有休息時間，連吃飯都要搶時間…小安因為連續工作 10 多天沒有休息，有一天累到身體受不了，而請了病假，老闆雖緊急協調人力為小安調班，但也跟小安說，因為病假沒有上班，所以除了當天沒有工資外，因為找人代小安的班，所以要再扣一天薪資…

　　針對小安打工的狀況，請完成下表「勞動事實」、「違反勞動條件要項」與「違反勞基法」連連看活動。

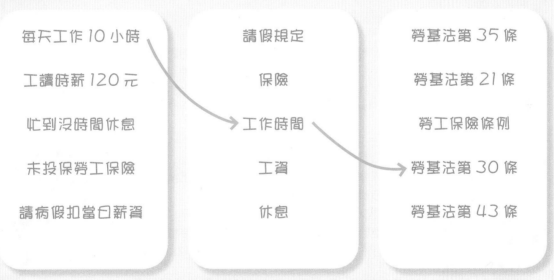

每天工作 10 小時	請假規定	勞基法第 35 條
工讀時薪 120 元	保險	勞基法第 21 條
忙到沒時間休息	工作時間	勞工保險條例
未投保勞工保險	工資	勞基法第 30 條
請病假扣當日薪資	休息	勞基法第 43 條

　　職場上的案例層出不窮，想知道更多有關勞動權益的故事嗎？請上網至「臺灣就業通」網頁搜尋「首頁→暑期打工須知→勞動權益Q&A→案例」。

　　請在以上網頁的五個勞動案例中選擇一個案例閱讀，並找兩位同學組成三人小組，針對勞動條件七個要向逐一進行討論，想一想：

🫐 我認為勞基法的重要性是什麼？勞基法的保障對我的意義又是什麼？

🫐 對於雇主違反勞基法時，我可以採取的保護行動有哪些？

🫐 勞工申訴專線是？還有哪些單位與資源可以協助我維護勞動條件？

求職避陷阱防詐騙

我們不時會看到求職過程中遇到陷阱而被詐騙的社會新聞，唯有做好最萬全的準備，才能讓自己在安全的方式中找到理想的工作，避免踏入層出不窮的求職陷阱喔！

破解求職陷阱六步驟

01 平實的態度
找尋工作時應持平實的態度，切忌貪心或好高騖遠。

02 清楚檢查合約內容、附帶條件
(1) 在簽訂合約前，應細閱所有條款。
(2) 如有不清楚的地方，不要隨便簽約，並要求帶走合約正本或副本。

03 找尋蛛絲馬跡
(1) 面試過程是否過份草率，或只需填寫簡單資料便行。
(2) 所給予的工資與所需資歷是否與市場脫節。

04 留意工作範圍是否與廣告或面試所述相符
(1) 若已受聘，應留意工作性質與招聘廣告或面試時所述的是否相同。
(2) 留意雇主是否有遊說你轉任其他涉及投資、推銷等工作的跡象。
(3) 如果雇主提出無理要求，應斷然拒絕，更不應替雇主進行非法勾當。

05 不隨便繳交款項、購買公司產品或交出重要文件或財務資料
(1) 正當的公司甚少要求應徵者繳交金錢。
(2) 若被要求繳交費用，應先問明用途確認正當性。
(3) 不要隨意購買公司產品。
(4) 不要隨便交出重要文件。
(5) 不要隨便簽署契約或授權文件，如銀行授權書等。

06 尋求協助
(1) 為保障自己的權益，應加深對勞動法令的認識。
(2) 若有任何懷疑或不明白的地方，應徵詢家人或朋友的意見。
(3) 有需要時可向有關部門，如警方及勞工局等尋求意見或協助。

大大樹來搜尋
請上 **Google** 搜尋

求職防騙暨保障就業隱私宣導網／1111破解求職陷阱、詐騙大作戰 🔍

- 請寫出「求職735守則」，有哪些不能做？哪些必問？以及哪些必看？
- 有哪些妳/你覺得是求職的危險行業？危險的原因？要如何防範呢？
- 求職相關法令有哪些？妳/你覺得這些法令的規範是什麼？保障又是什麼？

平等又安全的性別工作環境

你發現了嗎？
性別的差異造成工作機會/權益的落差，悄悄影響生涯與職業的抉擇，職場上平等的相互對待，才能讓每個人獨特的價值都能受到肯定。

STOP
性別平等教育法
性別工作平等法
性騷擾防制法

「千萬別讓任何人因為你的出生而瞧不起你，你唯一的限制是你自己的靈魂。」
You must not let anyone define your limits because of where you come from. Your only limit is your soul.
——《料理鼠王 (Ratatouille)》

工地「大嫂」——臺灣女性堅強又溫柔的職場身影

林立青

工地屬於傳統產業，無論怎麼呼籲男女平等，男女外在體力的差異就是極大。但有些事就是適合女人，例如請款時刻，和我們這些工地主任錙銖必較、算得清清楚楚的往往是女人。單獨作業時，哀求警察、環保不要開單的也是女人。要求工程價碼提高的，是女人。當學徒、同行要來借錢支應，能夠應對處理的還是女人。

不過，在工地工作的女性，通常是和男性家人或男友一起做。這種環境粗野陽剛，非常不適合女性單獨前來，因為這樣的職場往往搞不清楚「虧妹」和「性騷擾」的差異，單身的工人當沒有話題時，就是誇耀性能力和經驗數，用詞直接，舉止誇張，要這些男人說話收斂，除了身邊帶妻子之外，什麼方法也沒用。

工地現場的師傅們往往早早結婚生子，跟著自己丈夫到工地是一個很自然的選擇，畢竟多一人在身邊，既能約束丈夫，也能顧好工作，往往是工地現場師傅常有的現象。

由於社會對女性的框架依然很強，若是早婚生子的女性，往往很難重返職場，餐飲服務薪資既低又差，高階一點的服務業也不願意提供她們機會。這些大嫂們會因為丈夫出師接案，工程前期需要人手，接連做上幾年後掌握了個別技能，甚至超越丈夫的也常有。

有些師傅功夫一流，但好強高傲，他的妻子在旁則是溫柔婉約，長袖善舞地負責接案調度，完全補上自己丈夫能力不足處，成為真正顧場、指揮調度的專業女性；有的師傅技術可以，但在工地就是愛喝、愛賭，帶上妻子後也都有所收斂，並且能繼續接案；也有的大嫂極有度量胸襟，帶著娘家、夫家的侄兒親戚等一同工作，徒子徒孫遍布整個行業，整個家族全靠她用一支電話聯繫，指揮調度使臂使指，喊水會結凍。

這種共拚事業的夫妻組合，其實是傳統社會框架下最好的典範。工程現場環境的這些女性，往往在年長之後，對人、對事都多了一分寬容和體諒。

在工地有人吵架，調停的是她們；看見有人病痛時，分藥提供偏方的是她們；有貓、狗死亡，埋葬的還是她們；工程順利，帶著下包師傅一同唱歌的也是她們。即使至工程不順，要去哪裡拜什麼，都是她們在指點迷津。

直到這些女性漸漸老了，無法久站了，可能都還是要靠著她們支撐。許多男人誇口技術好，卻連支票也不會開；有些男人炫耀力氣，卻無法說服業主放款。這種不為人知的細節，女人們不當面戳破，就如同男人誇口炫耀性能力一般，即使她們心知肚明，也不願讓自己的丈夫出糗。

這些大嫂們，通常是在有了「阿嬤」身分後，才能退休回家。阿嬤的身分獨特，地位崇高，有著不同於工地現場的待遇。這些阿嬤在年輕時真的吃過苦頭，見過困難環境和世面，她們全心全意地愛孩子，毫無保留地愛，並且等著徒子徒孫和晚輩的撒嬌。

這些大嫂們在工地的身影，那無可取代、又無比堅毅地在惡劣環境中工作，穿梭其間，調停折衝。這些女性完全就是臺灣社會女性最為堅強、最為溫柔，又最為美麗的縮影。

——林立青／做工的人／寶瓶文化出版

延伸思考

　　我們的生活在「男女有別」的傳統概念下，有著刻意又自然的劃分，這樣的劃分也會在職場與工作世界中出現，更帶來性別刻板印象之後的分工，與職場權益／權力的差別對待。從這一篇「工地大嫂」故事，試著想一想：

1
「工地屬於傳統產業，無論怎麼呼籲男女平等，男女外在體力的差異就是極大，但有些事就是適合女人。」

　　妳／你覺得這段文字反應了哪些的男女刻板印象？在文章中，哪些工地的工作，最適合由工地大嫂來做，而男性師傅反倒做不來呢？妳／你覺得這又反映了怎樣的性別刻板印象？面對如此傳統的男女差異，以及以此分工之後的情形，妳／你會怎麼思考什麼是「男女平等」？又要怎麼做才能帶來「性別平權」？

2
「這樣的職場往往搞不清楚『虧妹』和『性騷擾』的差異，單身的工人當沒有話題時，就是誇耀性能力和經驗數，用詞直接，舉止誇張…」

　　在這樣一個傳統的工作環境裡，當大家都「習慣性」接受／默許性暗示或充滿性意味語言的文化中，如果是妳／你，會有不舒服嗎？如果有，該如何表達自己的不舒服呢？更進而伸張自己不受侵犯的性別權益呢？

3
「這種共拚事業的夫妻組合，其實是傳統社會框架下最好的典範…這些女性完全就是臺灣社會女性最為堅強、最為溫柔，又最為美麗的縮影。」

　　透過這篇對底層女性工作者的報導，腦海中第一時間浮現出的影像是什麼？無論妳／你是男性或女性，當需要同時兼顧職場工作與家庭，一肩扛起兩個重擔時，妳／你的感覺如何？妳／你又會怎麼做呢？

7-1 建立性別平等工作概念

從「性別」說起

從媽媽懷孕十二週起，胎兒的性器官開始發育，男寶寶形成睪丸，女寶寶形成卵巢，也就是說，寶寶開始已經「男女有別」，因此大多數人透過性器官的差異，可以快速被分辨是男生或是女生，但也有極少數是天生性器官或染色體等性特徵不符合典型男女性別的「雙性 (intersex)」，這種透過身體上的差異區分不同性別，稱之為「生理性別 (sex)」。

因著生理上的差異，在成長過程中，從衣物的顏色、玩具選擇或社會文化期待等，越來越容易分辨寶寶的性別，也逐漸開始出現一系列因性別而有的氣質差異，例如：男生需要勇敢堅強的陽剛態度、女生需要細心感性的溫柔特質等，這種從後天學習到的性別表現，稱之為「社會性別 (gender)」。

然而隨著長大的步伐，每個人會發展出對自己是男性或是女性的看法，而這樣的性別認同來自於心理的認可，稱之為「心理性別」，也就是「性別認同」。

從性別差異到性別刻板印象

在不同的社會文化中，對於男女性別角色不同的看法及期待，形塑出「男女有別」的差異，也產生性別刻板印象。

性別刻板印象僅以「男」「女」二元性別角色解釋一個人的性別樣態，這樣的解釋雖可以快速地區分性別，但卻也窄化個人對「性別差異」的理解與性別認同，忽略了每個人的獨特性，進一步形塑性別分工的樣態，而影響生涯方向與目標上的選擇。

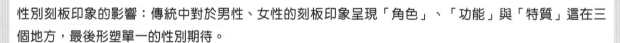

大大樹tips

性別刻板印象的影響：傳統中對於男性、女性的刻板印象呈現「角色」、「功能」與「特質」這在三個地方，最後形塑單一的性別期待。

1. 外型→包括穿著、體態、顏色等。
2. 氣質→包括個性、特徵、行為舉止等。
3. 名字→男性的取名偏向「動詞」，女性取名則偏向「形容詞」，反應男性向外主動進取，而女性則向內被動柔弱。
4. 家務→分工也依男性力氣大而女性細膩來分，如：男生拖地搬家具、女生煮飯洗衣等。

大大樹來搜尋
請上 Google 搜尋

看看他們的生命故事，想多認識雙性人的定義與生活嗎？

Oil-Chinese 國際陰陽人中文版網頁 🔍

• 同場加映：搜尋「丘愛芝」，臺灣首位現身的陰陽人，看看她的生命故事。

性別分工與生涯選擇

在性別刻板印象的影響下，造成社會因性別差異所形塑的「男」「女」分工樣態，最常見的是「男主外、女主內」的傳統思維。

古代遊牧與農業社會結構中，男性因身強力壯而常被賦予以狩獵、耕種的工作者角色，女性則被期待扮演生育、家庭照顧者等母職的角色，這樣的「性別分工」經由人類數千年的經濟活動運作，慢慢形成「男主外、女主內」的觀念，更進而內化成在選擇生涯方向時的性別角色依據。

性別刻板印象也直接或間接影響我們在學習上不同的發展，進一步形成了「男理工、女人文」的性別區隔。這樣的區隔，明顯反應在學習的選擇上；使得在抉擇未來就讀科系的當下，傳統性別價值觀的影響往往高於考量個人的興趣或能力。

職業與生涯抉擇上性別的差異，亦十分明顯，造成工業或科技的產業似乎較以男性為主，而商科與服務方面的產業則多為女性投入。如此偏狹的性別區分，當全球化市場與未來科技社會所需要的多元能力發展的需求下，已非工作世界的主流價值。

看重一個人多元潛能與專能的發揮，是時代的趨勢，而非僅以「男性/女性」二元劃分的發展思維，也更接近未來人類世界真實的樣貌。

探索活動　「男」、「女」比一比

下方有兩張圖表，一張是 106 學年度全國技術型高中就讀各群科的女男生比例，一張則是同年度各大學四技部女男生就讀的性別比例。

請妳/你認真地看完後，與同學討論，想一想：

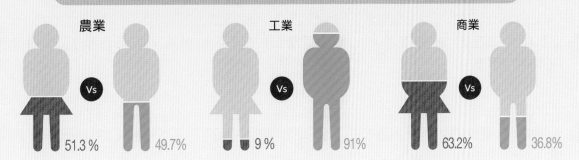

106 學年度高級中等學校專業群（職業）科學生各群科性別比例

農業　51.3 % Vs 49.7%　　工業　9 % Vs 91%　　商業　63.2 % Vs 36.8%

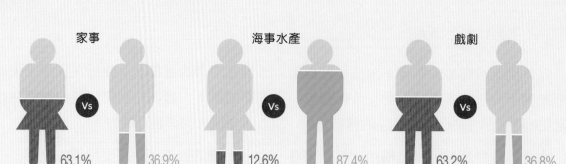

家事　63.1%　Vs　36.9%

海事水產　12.6%　Vs　87.4%

戲劇　63.2%　Vs　36.8%

資料來源：教育部統計處性別統計指標彙總性資料https://depart.moe.edu.tw/ed4500/cp.aspx?n=DCD2BE18CFAF30D0

106 學年度大學／四技部前五名性別比例

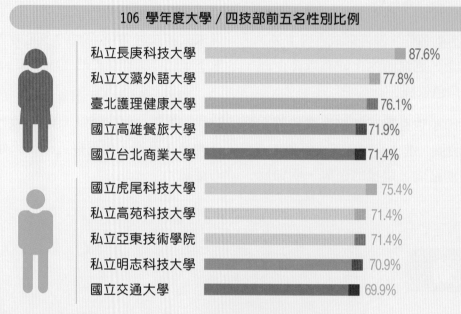

私立長庚科技大學　87.6%
私立文藻外語大學　77.8%
臺北護理健康大學　76.1%
國立高雄餐旅大學　71.9%
國立台北商業大學　71.4%

國立虎尾科技大學　75.4%
私立高苑科技大學　71.4%
私立亞東技術學院　71.4%
私立明志科技大學　70.9%
國立交通大學　69.9%

資料來源：University TW 網頁https://university-tw.ldkrsi.men/FemaleRatio/

🌰 在技術型高中各群科中，哪些群科是女生比例為高？哪些群科則以男生居多？

🌰 你覺得女生與男生選讀群科的差異是什麼？而這樣的差異反應了怎樣的性別現象？

🌰 從就讀大學四技的學校來看，女／男生就讀學校前五名的差異，是否也吻合了前項提問中性別差異的現象？

🌰 如果妳／你選讀的群科及大學校系，跟其他相同性別的人很不一樣，妳／你覺得會有哪些影響？

🌰 當妳／你遇到重要他人（如父母、師長、朋友等）對於這些「不符合性別主流價值」的生涯選擇產生質疑時，會如何因應呢？

什麼是性別主流化？

1995 年聯合國第四次婦女大會提出了「性別主流化」(gender mainstreaming) 的概念，並在 1997 年 2 月的聯合國經濟社會理事會 (ECOSOC) 確定性別觀點的主流化，要求各國政府在法律、政策或計劃要具有性別觀點，整合加入對婦女和男性的關注與經驗，促使政府資源配置確保不同性別平等獲取享有參與社會、公共事務及資源取得之機會，使婦女和男性同樣受益，不受不平等待遇。臺灣在 2000 年之後開始使用「性別主流化」一詞，經由國內團體多年努力，促使政府成立「行政院性別平等會」，並於 2005 年開始積極推動性別主流化工作。

百花齊放的「女力時代」

進入性別主流化的時代，許多行業性別壁壘分明的情況也越來越模糊。護理師、彩妝師（如美容教主牛爾）、保母、內衣專櫃服務員等傳統以女性為主的工作，越來越多男性的投入，甚至成為該行業的翹楚，顛覆了對這些傳統以女性為主行業的看法，展現原來男性也可以如女性一樣細膩、耐性與溫柔，表現更多的柔性戰力。

政治

■ 蔡英文
臺灣首位女性總統

■ 安格拉 · 梅克爾 (Angela Merkel)
德國總理

■ 艾倫 · 強森 · 瑟利夫 (Ellen Johnson Sirleaf)
賴比瑞亞首位民選非洲國家女總統，2011 年獲得諾貝爾和平獎

經濟

■ 莊淑芬
WPP 集團臺灣區董事長暨奧美集團大中華區副董事長

■ 伊娃 · 洛塔 (Eva-Lotta Sjöstedt)
百年來首位女性 CEO

■ 瑪麗 · 芭拉 (Mary Barra)
美國通用汽車公司 CEO，同時也是國際主要汽車製造商中第一位女性 CEO

生活

■ 陳樹菊
臺東的賣菜阿嬤，多年持續捐助社會

■ 馬拉拉 · 優素福扎伊 (Malala yousafzai)
巴勒斯坦的 17 歲女孩，喚起世人對「女性教育權」的重視，2014 年獲得諾貝爾和平獎

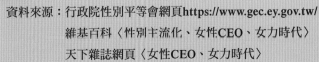

資料來源：行政院性別平等會網頁https://www.gec.ey.gov.tw/
維基百科〈性別主流化、女性CEO、女力時代〉
天下雜誌網頁〈女性CEO、女力時代〉

越來越多的女性崛起，並登上世界的舞台，讓這個時代成為了女性也可以主導的「女力時代」，英國《經濟學人雜誌(The Economist)》形容這是幾十年來最值得關注與解讀的世界脈動，也就是女性從傳統和母職角色走入職場之後，不只突破了女性固有角色的限制，更打破了性別的屏障，除了證明女性可以做跟男性一樣的事業，更驅動著男性也可以做傳統女性的工作，不再以男女性二元對立的兩性劃分，僵化了每一個人在生涯上的選擇與發展。

大大樹tips

什麼是「女力時代」？

表示女性精英大量崛起的時代。

女力，是女子力量的意思，指自立自強的女性力量，也指女性能將自身的魅力展現出來的力量。隨著社會的發展，越來越多的女性參與了社會各類領域，並擔任主管，一個女性精英主導的時代正在來臨。

「職場性別跨界」的趨勢與衝擊

「…他這輩子最後一條裙子，是畢業後為了到法律事務所上班所買，只穿了一天。『我同事嫌我不夠女生，幫我化妝，結果化起來像人妖。』他笑著說。這也產生一個求職困擾：穿女裝像男扮女，而穿成男生，又因為身分證是女生，必須面對質疑。離職後，他乾脆以翻譯接案維生，省得面對這些困擾。

我們與他在百貨公司拍照，他說他不習慣這種地方，也不喜歡走進服飾店，性別符號像一根刺，碰見了就受傷。他身材嬌小，男生的衣服就算最小號，對他也太大，但買女生衣服，又面臨性別檢查，所以他總是買 T 恤，上頭有標語如：LOVE、LIFE、LIVE。他說：『我會一次買十件不同顏色的。』…」

> 鏡相人間 2018：我的身體有個祕密，臺灣首位陰陽人丘愛芝　

「…青春時期總在懵懵懂懂間長大，王小棣獨特的性向越清晰，他和周遭的格格不入就越明顯。『我在學校不掃地，因為掃地是女生的工作，那時學校地板都是磨石子地，旁邊有黑邊，我就去打蠟黑邊，因為打蠟要出力。女生沒有力氣，所以我要做有力氣的工作。家政課如果要燒菜，我就去生火燒炭；沒有人知道我在幹麼，就自己心裡掙扎。』…」

> 王小棣：人生就是要多體驗，別被性別框住

「…外界對跨性別者的家庭總有許多好奇,對此,織田太太說,他們的生活,其實很平凡,一樣忙著工作、一樣陪伴小孩,週末最常宅在家放空,有時也安排出國走走,至於女兒,夫妻倆與她有個祕密約定,希望女兒不要把爸爸的情況說出去,『我早就跟寶貝聊過,說爸爸沒有什麼特別的,只是外表不一樣,而這個社會原本就有很多人因為各種原因,外表看起來跟別人不一樣,』織田紀香說,女兒已能理解此事,但年紀畢竟還小,要讓同學們也都懂實在很難,所以希望女兒能先保護自己。…」

織田紀香:臺灣最美偽娘爸,教育女兒尊重每一個獨立個體

請試著想一想,如果丘愛芝、王小隸與織田紀香等人是妳/你身邊重要的夥伴,妳/你會怎麼跟她/他們相處呢?

當女性與男性的工作不再專屬哪一個性別才能勝任時,職場上的性別分界線已然可以自然跨越,這就是「職場性別跨界」。

女性與男性雖有先天因素差異,但經過學者理論或實際社會現象觀察,經由後天的教育與學習,女性與男性都能在同樣的職場發揮所長,甚至經由互補而創造無限的發展潛力。

而除了女性與男性在職場上性別跨界的發展樣態,同時我們也要關注當性別展現多元化時,社會也越來越能包容「性別多元」的存在,讓每個人都在其中找到自我認同與生存的位置。當這些人在生活周遭與工作職場上能夠自然的「現身」,並且成為同學、同事、師長或是主管等,這意味著,我們每一個人,勢必被挑戰能否真正的接納與我們差異的「別人」,然後還可以給出欣賞與肯定,保障彼此的權益,帶來共同的成長與增益,進而讓彼此在工作崗位上盡情揮灑,發展更多的可能性。

在職場上,當妳/你願意跨出妳/你自己的性別界線,讓彼此都在一個多元、平等與公義的環境裡,發揮自己的所長專能,讓每一個人都能夠掙脫性別僵化的枷鎖,並且還能忠於自己地活著。這才是「職場性別跨界」真正的意涵。

大大樹tips

妳/你知道什麼是「多元性別」嗎?

多元性別是一種包容性的概念,用來指代任何人之生理性別、性別特徵、性別特質、性傾向、性別認同及性別變更等差異情形。

詳細內容請參見:教育部國教署性教育教學資源網–台灣性教育學會發行之《性教育通訊》第 11 卷第 3 期之全文。

探索活動　是男女，也非關男女

閱讀完前面丘愛芝、王小棣、織田紀香的故事後，請試著回答下列問題：

🌰 如果妳/你是這三位主角，妳/你覺得自己在成長過程中會遭遇怎樣的困難？

🌰 而進入職場之後，這樣的不同，會遇到怎樣的挑戰或工作權益的影響呢？

🌰 面對前兩個情況，如果妳/你是這三位主角，妳/你會怎麼處理？

　　經由對「多元性別」定義的了解後，請試著找出框內的名人，並針對他在性別上的身分，進行「配對」的活動。

例如

　　知名主持人利菁，出生時生理性別為男性，但在其成長過程中，深覺上帝在自己身上開了個玩笑，到 19 歲時便決定進行變性手術，於是轉變性別為女性，視為「變性人」。

利菁 ⟶ 變性人

跨性別者

男同志

異性戀

女同志

雙性人（陰陽人）

　　完成上面的配對活動之後，請同學針對自己找到的配對人名，進行下面的問題討論：

🌰 為什麼妳/你會選擇這些人？有什麼樣的蛛絲馬跡讓你做這樣的選擇？

🌰 經由這個配對活動之後，妳/你對多元性別的看法是什麼？

7-2 你必須知道的性平權益與職場性騷擾防治

在無處不性別的環境裡落實「性別平等」

「性別刻板印象」經由傳統既定的性別框架，造成對個人能力與生涯發展的影響；「性別化」的結果，更深嵌在每天的生存的環境裡。諸如：求職時的性別要求、同工不同酬、婚孕歧視、因性別跨界而產生的忽視與排擠等，這些對性別的偏見和歧視，隨時隨地「正在」發生著，因此我們得要有「無處不性別」的敏感度來提醒著我們，不斷檢視自己與環境，是否具備了「性別平權」的意識。

事實上，建立「性別平權意識」就是一種尊重及實踐人權的具體態度，在這個態度基礎上，我們要關心不同性別的人們在生活與工作世界裡的權益，進而保障實質的平等環境。基於憲法第 7 條「中華民國人民，無分男女、宗教、種族、階級、黨派，在法律上一律平等」以及聯合國「消除對婦女一切形式歧視公約 (The Convention on the Elimination of all Forms of Discrimination Against Women, CEDAW)」，經由政府與民間人士共同的努力，政府陸續制定了《性別平等教育法》(2004)、《性別工作平等法》(2002) 與《性騷擾防治法》(2006)，俗稱「性平三法」，希望建構一個全面性別友善的教育、職場工作、生活環境，真正落實「性別平等」。

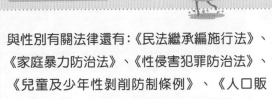

大大樹tips

與性別有關法律還有：《民法繼承編施行法》、《家庭暴力防治法》、《性侵害犯罪防治法》、《兒童及少年性剝削防制條例》、《人口販運防制法》、《特殊境遇家庭扶助條例》等。

關於「性平三法」大小事

性別工作平等法是針對職場上雇主與受僱者間的性騷擾防治與維護性別平等的工作權益；性別平等教育法以預防校園性騷擾事件為主，對象指一方為學校校長、教師、職員、工友或學生，他方為學生；性騷擾防治法非屬職場、校園性騷擾，如公共運輸與公共場所之性騷擾案件。三法之說明如圖表：

	性別平等教育法（俗稱：性平法）	性別工作平等法（俗稱：性工法）	性騷擾防治法（俗稱：性防法）
主管機關	中央：教育部 地方：縣市政府	中央：勞動部 地方：縣市政府	中央：內政部 地方：縣市政府
立法目的	1.厚植並建立性別平等之教育資源與環境。 2.促進性別地位之實質平等。 3.消除性別歧視，維護人格尊嚴。	1.保障性別工作權之平等。 2.消除性別歧視，促進性別地位實質平等。	1.防治性騷擾。 2.保護被害人之權益。
對象	主要為「校園性騷擾」。 對象一方必須為學生身分，另一方則為學校校長、教師、職員、工友及受學校事物聘用處理之各類人員。	主要為「職場性騷擾」。 對象為遭雇主性騷擾之受雇者或求職者，以及執行工作職務時被他人性騷擾者都受性工法保障受理。	不屬於性平法與性工法受理之其他事件，則屬本法受理之對象。
發生樣態	如老師課堂上開黃腔、不當之師生戀、學生以言語或肢體騷擾學生等。	1.在校園中，如校長與老師之間，或是教職員工彼此之間的性騷擾，因不具學生身分，故屬本法受理範圍。 2.一般職場中的性騷擾。	在大眾運輸工作或公共場合中被不當的性騷擾等。
申訴單位	行為人（加害人）所屬之學校。	工作單位或地方主管機關。	行為人（加害人）之雇主或警察機關。
處理案例	1.A校學生性騷擾B校學生，則B校學生必須向A校提出申訴。 2.如加害人為校長，則必須向學校所屬之主管機關（如教育局／處）提出申訴。	1.直接向工作單位之雇主提出申訴，但如雇主為加害人，則要向所在地方的勞政單位提出申訴。 2.加害人為政府機關首長，向地方政府主管機關提出申訴。但如果加害人為地方首長，則向中央政府主管機關申訴。	1.知道加害人的身分，則直接向加害人之雇主提出申訴。 2.不知道加害人身分者，則直接向事件發生所在地的警察機關提出申訴。

性平三法

小提醒
· 校園性平法為保障未滿18歲之學生權益，以教育取代責罰之精神，故對於性騷擾犯行者，在調查期間，不稱為「加害人」，而統稱為「行為人」。
· 不論工作職場或校園之性騷擾行為，性騷擾防治法第12條、第24條及第25條皆適用。

　　建構起生活、教育與工作世界的性別平等是一個國家進步與競爭力提升的表現，更是尊重人權與深化法治教育的基本指標，如果我們每個人都能以「尊重」出發，隨時檢視自己的「差別對待」與「歧視」，才能真正地建構出一個「性別平等」的和諧社會。

妳/你得認識什麼是「性騷擾」

下列例子中，請思考後在對或不對的□中打「☑」

對　不對
- □ □ 雄哥很會講黃色笑話，讓他很容易跟人打成一片。
- □ □ 因為對方是我的菜，所以被他騷擾一下是種福利。
- □ □ 會被性騷擾的人，一定是天菜，或是女神。
- □ □ 當女生說「不要」的時候，就是「要」的意思。
- □ □ 萱萱很喜歡拿有情色內容的 BL 漫畫到學校跟同學分享。

對　不對
- □ □ 一群女生總在下課時，聚在一起談論男生的身材與「下面那包」。
- □ □ 老師罰兩位愛講話的女生親嘴三分鐘。
- □ □ 男生絕對不會被性騷擾。
- □ □ 會被性騷擾的人一定是穿得太暴露或太性感。
- □ □ 如果說出自己被性騷擾的事情，會被別人嘲笑或看不起。

對於上面描述，妳/你覺得哪些是對的？哪些覺得怪怪的？哪些已經構成性騷擾了呢？如果同樣的事發生在自己身上，又會怎麼因應？

上面小測驗的每一項描述，都是常見性騷擾事件中的迷思，這也反應著大多數人習慣只要碰到「性」的議題，常會把造成問題的根源歸咎於「個人」身上，便容易認為是受害者個人要負責。

基於「無處不性別」的概念下，當性騷擾事件發生時，就已經屬於「公眾事務」，也就是說，我們每一個人都有責任防範性騷擾的發生，並且在發生性騷擾時，都需要我們擁有「仗義執言」的勇氣。

性騷擾定義與職場性騷擾的樣態

那麼，要怎麼認知「性騷擾」呢？從拆解我國性騷擾防治法第 2 條條文來理解，所謂職場性騷擾，主要來自下列兩個因素。也就是說，當妳/你主觀上覺得不舒服，而對方的行徑又與性有關時，就是「性騷擾」。

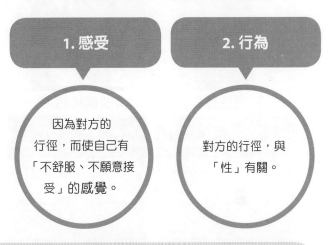

1. 感受

因為對方的行徑，而使自己有「不舒服、不願意接受」的感覺。

2. 行為

對方的行徑，與「性」有關。

大大樹tips

性騷擾防治法第 2 條對性騷擾的定義：
係指性侵害犯罪以外，對他人實施違反其意願而與性或性別有關之行為，且有下列情形之一者：
1. 以該他人順服或拒絕該行為，作為其獲得、喪失或減損與工作、教育、訓練、服務、計畫、活動有關權益之條件。
2. 以展示或播送文字、圖畫、聲音、影像或其他物品之方式，或以歧視、侮辱之言行，或以他法，而有損害他人人格尊嚴，或造成使人心生畏怖、感受敵意或冒犯之情境，或不當影響其工作、教育、訓練、服務、計畫、活動或正常生活之進行。

而性騷擾行為發生時，又有不同的形式，依照嚴重程度分成下列四種形式：

性騷擾的形式

程度輕 .... 程度嚴重

性騷擾
不一定有身體的觸碰，但有性別歧視的意味，如：開黃腔、挑逗、批評身材或傳閱色情圖文等。

性賄賂
對方明示或暗示以性行為來交換，誘以職位、加分、加薪或升遷等手段。

性脅迫
以威脅的方式強迫性行為的發生，如：當掉學分、解職或是降職等。

性威脅
直接以暴力的方式達到性行為發生的目的，如：強暴。

因著上述嚴重程度從輕到重的四種性騷擾形式，其發生的方式，常見的有下列四種：

常見性騷擾的樣態

言語性騷擾

如開黃腔或以性器官罵人等，不受歡迎，且違反個人意願的言詞話語。

肢體性騷擾

做出具有性意涵、性歧視等肢體上的動作，讓對方覺得不受尊重及不舒服。

散佈個資的性騷擾

故意展示或散播個人性交、猥褻裸照或色情圖片等充滿性暗示的圖或影音，藉以達到其威脅與毀壞名譽之目的。

權力位階性騷擾

故意展示或散播個人性交、猥褻裸照或色情圖片等充滿性暗示的圖或影音，藉以達到其威脅與毀壞名譽之目的。

那麼，在職場上的性騷擾又會怎麼出現呢？最常見的有以下四種：

職場性騷擾出現的方式

性的交換
（交換條件式的性騷擾）

若拒絕上司或雇主的性要求，就可能會喪失某種工作上的權益。

敵意的工作環境

單方面以與「性」有關的語言、舉動或其他方法造成困擾。如：開黃腔、吃豆腐、色瞇瞇的窺視、毛手毛腳、被迫陪老闆應酬等都算。

性的徇私

和上司有性或曖昧關係的交換，而換得較好的工作待遇。

非雇主或非受僱員工的性騷擾

被公司以外的人性騷擾，通常是客戶。

資料來源：婦女論壇網頁

http://forum.yam.org.tw/women/digest/backinfo/career/sxainfo.htm

發生性騷擾時的自我保護

「性平三法」提供遇到性騷擾時最佳的法律保障，熟知法律與處理程序，絕對是強化我們在面對事件發生時的自保或是協助他人的力量，一起來看看吧！

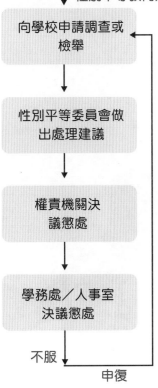

遇到性騷擾怎麼辦？

不同的對象、場所，各有適用的法規
你答對了嗎？

學校學生
《性別平等教育法》

公共場所
《性騷擾防治法》

職場
《性別工作平等法》

校園性騷擾

性騷擾事件一方為學生，另一方為同校或跨校教職員生

↓ 性別平等教育法

向學校申請調查或檢舉

↓

性別平等委員會做出處理建議

↓

權責機關決議懲處

↓

學務處／人事室決議懲處

不服 ↓

申復

職場性騷擾

求職時或執行職務時遭受性騷擾

↓ 性別工作平等法

向受害人雇主申訴

↓

雇主（調查小組）調查處理

↓

雇主進行懲處並採防治措施

↓

當事人不服

↓ 申訴

勞動局

其他性騷擾

校園及職場性騷擾以外的性騷擾

加害人有所屬機關、學校、機構或雇主	加害人無所屬機關、學校、機構或雇主	加害人不明

性騷擾防治法

向加害人所屬機構或家防中心提出申訴（1年內）

向警察機關提出申訴（1年內）

↓

加害人所屬機構或家防中心調查

警察機關調查（最長3個月內完成調查）

懲處

↓

當事人不服調查結果

再申訴 → 1個月內

家防中心

131

遇到性騷擾時，可以這麼做

第**1**步

提高對身體界線的敏感度

透過平時練習覺知自我身體的界線。

第**2**步

直接跟對方說不

以堅定的語氣要對方立刻停止騷擾的行徑。

第**3**步

制止對方

立刻推開對方並理直氣壯地表達不舒服或憤怒的感覺，這個動作，也可以讓周遭人瞭解狀況，進一步讓加害人有所警惕。但，如果制止對方會有危險，請立即離開現場。

第5步

尋求協助管道

找信任的親友，警察機關或相關社會資源協助。

第4步

蒐集證據

性騷擾事件一定要最快的時間處理，因此蒐集當下的證據非常重要，包括錄音、找證人、詳細記錄騷擾過程（人事時地物與情緒）等，以利後續調查或訴訟之用。

第6步

提出申訴

透過法律提起訴訟以維護後續保護及權益賠償之事宜。

遇到性侵害時，可以這麼做

1. 請先找一件外套裹身，記住保持身體原狀，不要沐浴、更衣，也盡量不要洗手、刷牙或是上廁所。
2. 立即報警處理，或是撥打「113 保護專線」尋求社工協助，並即刻到醫院驗傷，蒐集證據。
3. 記住加害人的特徵，包括人與車兩個部分：
   人的部分→如頭髮顏色、臉部特徵、口音、身高、體重、身形特徵、年齡或衣著。
   車的部分→如顏色、年份、款式、車牌號碼、特別裝飾、車斑痕跡、逃逸方向或方式等。

進入職場，無論實習或是工作，都有很多的挑戰，在職場環境中需要留意自身的安危，提高對周遭人、事、物的敏感度與警覺性，進一步培養面對危機的應變能力，面對騷擾事件，勇敢說「不」，態度要堅決，同時也要培養尊重他人的態度襟懷，以及協助他人對抗性騷擾的道德勇氣。

面對性騷擾絕對有很多方式可以來處理，但請千萬不要自責，因為有問題的是主動騷擾的對方，所以勇敢面對才是解決的最佳良方喔！

探索活動　性平法律小測驗

請閱讀下面幾則事件，試著用妳/你了解的性騷擾定義與性平三法的內涵，來為事件進行評斷，並給予處理的建議。

新聞事件一

一名體育老師與國二學生過從甚密。該名老師單獨和國二學生外出吃飯，還不時透過臉書互傳曖昧訊息，甚至還要求該名學生拍下性感內衣褲照，事後被學生同學知道，整件事情才爆發出來。

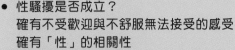

- 性騷擾是否成立？
  確有不受歡迎與不舒服無法接受的感受
  確有「性」的相關性
- 適用的性平法律是？
  性別平等教育法
  性別工作平等法
  性騷擾防治法
- 後續處理？
  向學校性平會申訴
  向雇主申訴
  向警察機關申訴

新聞事件二

在餐廳工作的陳姓男子，見女同事小如（化名）獨自一人彎腰搬廚餘桶，臨時起意幫她一把搬起廚餘桶，但陳男卻從小如的身後出手環抱，將小如夾在廚餘桶與他的身體之間，小如被陳男突如其來的舉動嚇傻，且發現陳男環抱她時，還故意用下體「頂」她的屁股一下…

- 性騷擾是否成立？
  確有不受歡迎與不舒服無法接受的感受
  確有「性」的相關性
- 適用的性平法律是？
  性別平等教育法
  性別工作平等法
  性騷擾防治法
- 後續處理？
  向學校性平會申訴
  向雇主申訴
  向警察機關申訴

新聞事件三

張生搭公車，因當時車內乘客眾多，利用車內人擠人時，趁站立的大學生不及抗拒，以身體正面貼近被害人的背部、臀部兩次。經車內其他乘客察覺有異，好心的乘客將座位讓給大學生坐，而張生又趁有空位時，坐在大學生旁，欲伸手碰被害人的大腿，被害人嚇得起身走至公車前方，向鄭姓公車司機反應。未料，張生竟膽大包天，尾隨被害人走至公車前方，摸了被害人的臀部…

- 性騷擾是否成立？
  確有不受歡迎與不舒服無法接受的感受
  確有「性」的相關性
- 適用的性平法律是？
  性別平等教育法
  性別工作平等法
  性騷擾防治法
- 後續處理？
  向學校性平會申訴
  向雇主申訴
  向警察機關申訴

生涯十字路口

生涯抉擇是來自生命各個階段的探索，在每一個探索的當下，累積著自己的能力與視野，所面臨的助力與阻力，也成就了你的人生發展。

「好的決策是需要時間的，它們是深思熟慮的結果，而不是一時的衝動。」
Good decisions take time, they are the result of thought, not the impulse of the moment.
—巴菲特 (Warren Edward Buffett)

繞了一大圈，還是回到了想去的地方

鄒駿昇

鄒駿昇，新銳插畫家，2011年獲得插畫界最高榮譽的波隆納插畫展新人首獎。小時候有學習障礙，沒學過畫畫，卻有幸在畫圖這件事上面得到認同。

小一時，我有學習障礙，連低年級的數學課，都趕不上進度。我只看得到影像，老師說「1」的圖形加「1」的圖形等於「2」的圖形，我不懂邏輯，所以成績沒有好過。

黃建賓／攝

爸媽做金屬加工，就是臺灣農田旁傳統的鐵皮屋工廠，他們忙到不知道兒子的成績。我爸只要求品行不要太壞就好，每次我從鐵皮屋工廠前走過去，他都會罵，說走路不要像混混，我真的有混混朋友，可是我沒有混，但我這種品行不壞、成績不好的學生從小就被老師漠視。

永遠都記得小二的時候有一個畫圖比賽，是國慶日，我畫了閱兵典禮上的坦克車，老師收一收全班的畫送去比賽，結果我得了全校第二名。

畫圖讓我被認同

畫圖讓我突出、有成就感，因為老師、同學認同我。從此，我被認定為很會畫畫的小朋友，我一直都喜歡畫，會在家裡畫，或在地上塗鴉，一直持續這件事。也因為這樣，老師說高中可以去考美術班。

在畫圖上，我一開始不是很好，但是會後來居上，考南投竹山高中美術班的時候，沒學過畫圖，可是要考國畫、山水畫，我根本不會。考復興商工的時候，因為沒學過水彩，結果水加越多越難上色，還被臺北的學生取笑。可是高中念得很愉快，因為有很多術科，都是以前沒有的。就算一開始畫不好，喜歡這件事就會一直去做，而且會對自己要求，練習久了就會了。

高中畢業，我是全校唯一通過保送甄試，考上政治作戰學校美術系的人。

七千元阻擋美術前程

爸爸覺得念美術這一塊沒有出息，之前準備念復興美工，但爸爸動用關係把我弄進竹山高中。父母觀念比較保守，認為以後要有穩定工作，溫飽沒有問題才可以，因此寧願我重考，也不讓我念藝術學院。重考大學填志願，還規定要把師院往前排，結果落點就到了嘉義師院。諷刺的是，繞了一大圈，最後跑到英國念最貴的私校－皇家藝術學院(Royal College of Art)。

我真的想走自己的路。到英國拿兩個碩士，是給人生再一次機會，且不能有退路。我不是出國混學歷，是期望變得跟藝術雜誌裡的人一樣厲害。念完金斯頓大學(Kingston Uni.)平面設計研究所，拿到碩士而且是第一名，可是感覺改變不大。最大的衝擊是，畢業時老師帶著我們去看皇家藝術學院的畢業展，還一一介紹，每一個作品都講得超厲害。那種感覺很差，因為一樣都是碩士，水準落差卻很大。我走到展場外面跟朋友說：「我要重來一次！」金斯頓大學的畢業典禮時，我跟同學說：「我不進去了，兩年後，我要參加皇家藝術學院的畢業典禮。」

我覺得，人要放對位置，慢沒關係，只要方向對了，終究會到達你想去的地方。

－陳慧婷採訪整理／親子天下雜誌

延伸思考

　　鄒駿昇在美術之路上跌跌撞撞，考試時的挫折、父母的阻止…等，讓他繞了一大圈，但都無法成為他的阻礙，最後依然成為了插畫家。

1 鄒駿昇說：「就算一開始畫不好，喜歡這件事就會一直去做，而且會對自己要求，練習久了就會了。」

　　每一個我們身上有的能力，是不是都要經歷過「喜歡…然後一直去做…也會對自己要求」的過程？

　　那麼，面對生涯評估與抉擇的能力，我們知道自己喜歡什麼嗎？喜歡之後，願意一直去做的是什麼？在做的時候，又會要求自己什麼？最後，當不斷練習之後，我們覺得自己在生涯抉擇上學到了什麼呢？

2 鄒駿昇說：「父母觀念比較保守，想確認小孩有穩定工作，溫飽沒有問題才可以…」

　　如何回應父母對我們生涯發展的規劃與期待，似乎這也是生長在臺灣的青少年都會碰到的挑戰。妳/你會怎麼看待這一份來自父母的心意呢？是一種關懷照顧、提供資源的助力呢？還是一份要求與限制的阻力呢？無論是助力還是阻力，回到妳/你的生涯抉擇時，妳/你又會怎麼來面對與處理呢？

3 鄒駿昇說：「我要重來一次！…繞了一大圈，還是回到了想去的地方…人要放對位置，慢沒關係，只要方向對了，終究會到達妳/你想去的地方。」

　　換成是妳/你，妳/你希望自己的人生怎麼過？

　　妳/你怎麼看鄒駿昇故事裡「我要重來一次」與「繞了一大圈」這件事？他又是做了什麼，才能「回到了想去的地方」？

　　而「放對位置」與「方向對了」是學習生涯抉擇最重要的能力，是否當妳/你具有把自己「放到對的位置」能力，才有可能到達真正妳/你想去的地方（那個地方曾經叫做「夢想」）這樣的生涯目標呢？

8-1 關於生涯抉擇的那些大小事

人生，是一連串的「選擇」

每天的生活裡面，我們透過不斷的決定，來「選擇」自己的需要。小至三餐吃什麼？放學後參加什麼活動？甚至面對交友、感情、未來生涯進路等議題時，常常需要做出不同的抉擇。因此面對人生時，自然也是一連串「選擇」的路途。

回顧在第一章所畫的「生命曲線」，每一件曾經在生命曲線出現的事件，都會改變當下的生命狀態，帶來不同的生命樣貌。所以我們也常在事後回想：「如果當初可以怎樣就好了！」這種「希望重來」的心念，也呈現著我們心中對於「選擇」的需求與期待。

然而時間是無法倒流的，與其「事後諸葛」地懊惱，不如我們先「選擇」讓自己擁有力量來面對未來茫然的人生路。以自己過去的經驗為基石，真實地面對現在的自己，有勇氣地擘畫未來。

接下來請花點時間認識自己在生涯抉擇中的面貌，以及在每一個提示的重點裡，真實的地思考自己在面對每一次生涯抉擇時，獲得「選擇」的方法與力量。

哪些因素影響會生涯抉擇

做選擇不會只受單一因素的影響，試著從「5W1H」的不同角度，全面探索生涯抉擇時需要考慮的因素吧！

1 Who

「誰」做決定？能對自己充分探索與認識，才有適合自己的生涯抉擇。

2 What

要決定的「事」是什麼？能夠對症下藥，才能真的面對問題並提出可行的方案。

3 When

有多少「時間」？時間也代表了「時機」，能有效掌握時間才能掌握先機。

4 Where

「去哪」、「在哪裡」？地點與空間深深影響了我們要過怎樣的生活方式。

5 Why

「為什麼」要做抉擇？不斷地自問與反思，讓我們可以更清楚自己為何決定。

6 How

要「如何」做？也就是我們有的「方法」與「資源」有哪些？擁有做決定的力量，來自可以使用的方式有多少。

探索活動　我生命中曾經難以決定的事件

試著利用「5W1H」的小工具，練習回顧一件生命中的重要事件，和妳／你的同學一同分享吧！

這個事件是：＿＿＿＿＿＿＿＿＿＿＿＿＿＿＿＿＿＿＿＿＿＿＿＿＿＿＿

1 Who
2 What
3 When
4 Where
5 Why
6 How

🌱 我最在意的因素是哪一個？

🌱 哪一個是影響我作決定最重要的因素？

🌱 如果事件再重新來過，我的選擇還會相同嗎？如果不同，考量的因素又是什麼？

生涯決定者的風格類型

「選擇」顧名思義就是「決定」妳/你要什麼與不要什麼。而「怎麼要」與「如何不要」則取決於每個人在做抉擇時所使用的策略與方法。個人成長背景與特質的差異性，會影響自己決定事情的重要程度，進而運用不同的策略與方法。因此，當妳/你經常採用某一種策略也用得習慣上手，它便造就了自己在做決定時的「決策風格」。

生涯理論學者哈倫(Harren, 1979)對大多數人的決策風格歸納出「理性型」、「直覺型」與「依賴型」三種。而我國生涯學者金樹人(1990)則從「已知－未知」切入「對自我狀態了解－對工作世界掌握」兩點，將會對生涯做決定的人分出四種決策風格類型：

已知　**未知**

已知

理性型

確實掌握工作世界的各種情況，會有系統地蒐集生涯相關資訊，分析各資訊條件的優缺利弊，最後做出「最適當」的決定。

直覺型

最在意自己在特定情境裡的感覺與情緒，幾乎以自己的直覺率性而為，較為衝動，也較少對工作世界做系統性的資訊蒐集與思考。

未知

會對自己面臨的處境做功課，來了解客觀條件下的優劣勢，但缺乏主見與自信，因此亟需仰賴他人的意見來左右其決定。

這是全然未知的類型，對自己不認識，對工作世界也不瞭解，考慮甚多而舉棋不定，因此無法輕易地下決定。

依賴型　　　　**猶豫型**

探索活動　我的決策風格

在面對需要抉擇的事情時，通常會如何做出決定呢？

從以下敘述中，請妳／你依照自己的實際情形回答，看看妳／你的決策風格是哪一類型喔！

題號	測驗內容	很符合	符合	不符合	很不符合
01	我習慣讓身邊重要的人來幫我做決定	4	3	2	1
02	當我下決定後就會全力以赴去做好	4	3	2	1
03	我會因一時的衝動而行事	4	3	2	1
04	我常常會想太多而猶豫不決	4	3	2	1
05	當身邊重要的人要我做決定時，我才會去做決定	4	3	2	1
06	我會參考他人意見，並考量自己實際的狀況後，做出最適合的決定	4	3	2	1
07	做判斷時，我喜歡快速且不要思考太多	4	3	2	1
08	避免做決定的麻煩與困擾，我會選擇不做決定	4	3	2	1
09	我會因別人的意見而改變我的決定	4	3	2	1
10	我總是在深思熟慮後，決定一項明確的方案	4	3	2	1
11	我喜歡按自己的直覺做事	4	3	2	1
12	遇到難以做決定的事情，我會放到一邊並忽略	4	3	2	1
13	當我的想法與別人不同時，我會不知所措	4	3	2	1
14	我會主動去蒐集各種環境與個人的資料再做決定	4	3	2	1
15	我很少仔細思考來作決定	4	3	2	1
16	遇到要我做決定時，我會開始緊張不安與焦慮	4	3	2	1
17	做任何事時，我喜歡有人在身邊和我商量並給意見	4	3	2	1
18	我會需要蒐集相關資料並進行分析，以列出可以選擇的方案	4	3	2	1
19	我會常常改變我做的決定	4	3	2	1
20	我很難下定決定，總是會想一堆有的沒的	4	3	2	1
21	我不喜歡自己思考做事的方法	4	3	2	1
22	我會考量各種優劣得失，做出最好的選擇或方案	4	3	2	1
23	做決定時，我覺得做分析或任何準備都很麻煩	4	3	2	1
24	我覺得做決定是很痛苦的事情	4	3	2	1

計分

請妳／你將前面測驗中每一題所圈選的分數，填入下表，並計算每一類型的總分。

得分最高的類型的決策風格排序，請寫上「1」；第二高分請寫上「2」；依此類推。

我的決策風格排序	決策風格類型	計分（請依題號填入分數）						總分
	直覺型	03	07	11	15	19	23	
	依賴型	01	05	09	13	17	21	
	猶豫型	04	08	12	16	20	24	
	理性型	02	06	10	14	18	22	

資料來源：金樹人(2011)。生涯諮商與輔導（重修版）。臺北：東華出版社。

🍃 我的抉擇風格是？

🍃 用我自己的話來說，我會怎麼重新描述？

🍃 我還有其他的抉擇風格嗎？

🍃 我想要其他的抉擇風格嗎？

🍃 在不同的決策風格中，會展現怎樣的自己？

做生涯抉擇時會有的助力

生涯抉擇影響的層面非常多元，在生涯發展過程中，我們需要找到支持的力量，來鼓舞我們在挫折中還能夠不斷往前進，達成自己生涯抉擇的目標。因此，所謂的「生涯助力」指的是對自己生涯抉擇有幫助的因素。通常包括有：

1. **個人（內在）因素：**「操之在我」的一份力量。能夠充分自我了解，掌握優勢而發揮自身的特色，並且有較高的挫折容忍力，遇到失敗時還能自我激勵，不斷培養面對問題時的解決能力，處理各種考驗。

2. **環境（外在）因素：** 來自周圍環境與世界的影響，如：家庭給予的生存條件、所處環境的社經資源以及全球產業經濟發展的趨勢等，都會直接或間接的影響我們做決定時的力量。

3. **重要他人的因素：** 身邊能有自己看重的人給予我們支持與協助，在人生的不同階段會帶來不同的助益。

←助力

阻力→

做生涯抉擇時會有的阻力

以色列的生涯理論學者 Gati(1996)，對於生涯阻力造成我們在進行生涯抉擇時無法順利做出決定的狀態指出了三種現象，每一個現象都會帶來在生涯發展中的負面影響，進而錯失了行動的最佳契機與各種表現的機會。

1. **準備不足：** 準備不足來自於缺乏動力與自身猶豫不決的個性，進而造成「行動力薄弱或消極或盲亂」。

2. **資訊不足：** 無論是對自己或是對工作世界的認識，都需要蒐集、整理進而分析充足的資訊，才能掌握各種優劣條件，為自己做最好的決定。

3. **訊息不一致：** 在生涯抉擇之中的衝突來自「內在衝突」與「外在衝突」，「內在衝突」就是「現實我」與「理想我」的落差，「外在衝突」就是「自己」與「重要他人（特別是父母）」在想法與期待上的不同，無論是內在還是外在的衝突，都會造成我們在進行生涯抉擇時莫大的阻力。

大大樹 動動腦

1. 再回顧鄒駿昇的故事，請找出他在生涯發展上的助力與阻力。

2. 然後請再重看一次延伸思考，妳/你會怎麼想呢？

大大樹來搜尋

請上 Google 搜尋

回到我的身上，當我從技高畢業後，要做生涯發展與抉擇時，搜尋看看：

技術型高中畢業後的發展，可能會面臨的的助力與阻力 🔍

- 我的生涯助力是？我可以如何維持這些助力呢？
- 我的生涯阻力是什麼？我可以如何面對或調適這些阻力呢？
- 在我的經驗裡，我曾經成功試著用過哪些方法，將阻力化為助力呢？

| 8-2 | 施展選擇的魔法～決決，決策平衡單 |

大大樹來搜尋

請上 YouTube 搜尋影片

看完影片後，我的想法是？

思辨力很重要！五個步驟讓你快速上手 🔍

我認為思辨力對生涯做決定來說，重要性如何呢？

生涯抉擇的步驟

　　「生涯抉擇」是人生的重要課題，也是一個不斷和自我思辨與對話的歷程，透過確認自己的志向、能力、興趣與客觀認知環境的需求，還有各種可以使用也懂得使用的資源等，來作為進行生涯抉擇的決策依據。有系統的步驟可以協助妳/你操練出「理性做決定」的能力，一起來看看吧！

生涯抉擇的步驟

① 步驟一
確定要抉擇的「問題／主題」

需要擬定出的生涯決定是什麼？
可能的生涯選項又有哪些？

② 步驟二
開始蒐集各種相關的「資訊」

必須蒐集哪些重要且相關的資訊？這些資訊可以幫助我的內容又是哪些？以及從哪些地方可以蒐集到需要的資訊？

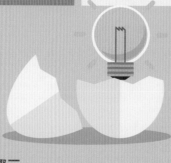

③ 步驟三
利用資訊進行「解讀／整理」

要如何整理蒐集來的資訊？整理好的資訊要怎麼來解讀它？最後對解讀後可用的資訊，又會如何來運用它呢？

④ 步驟四
徵詢建議並評估「影響因素」

誰的提醒與建議是可用的？是中肯的？在這些提醒與建議中，出現了哪些（個人的、內／外在的、環境的）因素影響了我的決定？又有哪些明顯或是隱藏的助力與阻力呢？

7 步驟七
過程中隨時「調整／修正」

給自己的「彈性」，允許自己可以在適度的範圍中調整原本的行動計畫，能夠不拘泥而富有彈性，絕對是做每一項工作最重要的應變能力。

6 步驟六
擬定並進行「行動計畫」

我可以採取的行動是？這個行動計畫我將如何擬定短、中、長期的目標？在進行計畫過程，面對挫折，我又要如何激勵自己而不隨便放棄？

5 步驟五
「選擇」優先順序

哪個生涯抉擇選項是我要的？能夠排列出優先順序嗎？而我決定要的生涯選項會讓我覺得快樂與滿足嗎？最後這個決定會讓身邊重要的人支持還是反對呢？如果被反對了，我有沒有能力證明我的選擇是適切的呢？

大大樹來搜尋
請上 You Tube 搜尋影片

看完影片後，我有哪些想法呢？和同學分享吧！

如何五分鐘學會，做決定不再猶豫、後悔！🔍

「帶來好處」與「犧牲代價」，用我的話來再說一次，我會怎麼描述呢？

學會使用「決策平衡單」

面對人生重大的決定，常常會是難以抉擇的，因為「想要的太多」，但要思考的是，我能夠全部都要嗎？當我們無法全部都要的時候，「選擇」就出現了。

「選擇」這件事情，最困難的不是在「我要什麼」，反而是「我可以不要什麼」。當我們對於「想要什麼」不太清楚的時候，透過篩檢「不要什麼」便能比較清楚自己能夠選擇的順暢之路。

「決策平衡單」是一個在做生涯決定時很好用的工具，它可以幫忙我們具體列出各種考慮因素，經由量化數字協助列出優先順序後做出理性的抉擇。

看完上頁「生涯抉擇的步驟」，現在就進入「決策平衡單」的學習與使用吧！

決策平衡單

01 第一步
依目標，列出所有可能的選項

首先，列出我想要的、正在考慮的選項「一、二、三」。
例如：從技術型高中畢業後，我想要的發展有哪些？
可能有「一：繼續升學」、「二：半工半讀」、「三：先就業」。

02 第二步
思考並具體寫出各種考慮的因素

從上一步的選項中，列出每個選項的考慮因素。
可能有「一：繼續升學」、「二：半工半讀（產學專班、產學訓專班）」、「三：先就業（青年教育與就業專案）」。

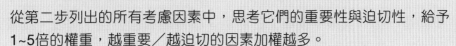

03 第三步

將各考慮因素的分數給予「權重倍數」

從第二步列出的所有考慮因素中，思考它們的重要性與迫切性，給予1~5倍的權重，越重要／越迫切的因素加權越多。

例如：在三個選項中，我覺得與個人有關的興趣是最重要的，所以我給5倍權重，而與重要他人有關的（例如：來自爸媽的期待），我可以試著與他們溝通，因我想要掌握自己的人生並且自我負責，所以我給父母的期待這個選項1倍的權重就好。

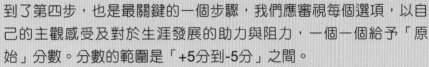

04 第四步

針對各種考慮因素的比重給予分數

到了第四步，也是最關鍵的一個步驟，我們應審視每個選項，以自己的主觀感受及對於生涯發展的助力與阻力，一個一個給予「原始」分數。分數的範圍是「+5分到-5分」之間。

「+5分」表示這個因素具有最大的吸引力、優勢與助力。

「-5分」表示這個因素具有最大的反作用力、劣勢與阻力。

05 第五步

對各考慮因素的分數進行加權

將每一個考慮因素的「原始分數」乘上「權重倍數」後，會得到一個「加權分數」，最後將這個分數寫入「加權」格中即可。

05 第六步

計算加權分數後，加出總分並排定名次

最後一個步驟是將不同選項的「加權分數」全部相加後，獲得一個總分，請寫到「總分格」中，最後依照總分數在「名次格」中寫入名次順序。

CAREER
PLANNING

探索活動　我的決策平衡單

　　下面是一份「決策平衡單」的範例，請仔細看過並且了解後，試著完成學習手冊中的「決策平衡單」，並且在做完後，完成學習手冊中的反思與提問。

範例

　　大大樹是一名電子科的高三學生，面對畢業後的發展，有著無法下決定的苦惱。成績中上的他，考統測應該會有不錯的成績表現，但及早就業磨練技術及累積人脈，也很吸引他，另一方面，升學後的學費負擔，讓大大樹很苦惱，因此覺得是不是應該先去工作（參加青年教育就業方案）存夠錢再回來讀書？

大大樹 的 決策平衡單

考慮的因素		權重	選項一：繼續升學		選項二：半工半讀（產學訓專班）		選項三：先就業（青年就業方案）	
			原始	加權	原始	加權	原始	加權
與個人有關的	1. 對電子的興趣	×5	+4	20	+5	25	+3	15
	2. 實作的能力	×5	+2	10	+5	25	+3	15
	3. 對大學的嚮往	×4	+4	16	+5	20	+4	16
	4.							
與環境有關的	1. 經濟來源	×5	+1	5	+3	15	+5	25
	2. 產業工作經驗	×4	−1	−4	+3	12	+5	20
	3.							
與重要他人有關的	1. 父母的期待	×2	+2	4	+2	4	−3	−6
	2. 好友的建議	×4	+2	8	+3	12	+2	8
	3. 老師的鼓勵	×3	+3	9	+3	9	+1	3
總分			68		122		96	
名次			3		1		2	

人生馬拉松

再多的想法創見，如果沒有落實於行動中，那麼就只是空談，所謂：「想法不會定義我們，行為才會定義我們是怎樣的人」道理即在此。

「自己的命運由自己掌握－你不需要依靠魔法來達成，因為人生沒有捷徑可走。」

You control your destiny - you don't need magic to do it. And there are no magical shortcuts to solving your problems.

——《勇敢傳說(Brave)》

誠實面對自己的能與不能

聶永真，是天王天后專輯封面的幕後推手，被視為設計界的新星。

6 年級後段班的他，對於生命的節奏如何與責任感互相呼應？聶永真的詮釋，就像他的設計一樣令人印象深刻。

我覺得「負責」就是誠實面對自己，秉持初衷把想做的任何事完成，做任何事都要有始有終完成。

我是自我感受很強的人，對於自己想做與不想做的事情有很清楚的認知。就像歷經幾年瘋狂接案的生活後，決定給自己一段放鬆的時間去旅行。我去了法國亞維儂藝術節 1 個月，又去美國洛杉磯當駐村藝術家 3 個月，再去法國度假 2 個月，即使銀行戶頭的錢快花光了，我還是覺得適時的放空，人生才能更有能量往前走。

對我而言，能靜下心思考自己想做的事，對提升創作能量有很大的幫助。

80% 是自己喜歡的工作

最有趣的過程是，我把影像與聲音重組，做了一項非關設計、純藝術感官實驗的作品，來測驗觀眾的感受。例如把中國武俠片配上德文發音，日本漫畫配上阿拉伯語，這種反差會產生奇妙的感官刺激。這些好玩的實驗在我過去的設計工作中，是完全無法進行的。

我越來越嚮往自由的味道，現在我不請助理，一個人洽談業務、做設計、交案，過程很辛苦卻很自由。過去我過日子很緊張，因為初出社會沒有做過太多案子，幾乎案子上門就會接，一直到了這幾年，才漸漸找出個人定位。

當時大約只有 30% 是自己喜歡的工作，但我還是會盡力做好。到現在，我的工作約有 80% 是自己想做的，面對不喜歡、沒感覺的工作，一定會直接拒絕，也會誠實告訴對方。對方或許因為我的名氣、喜歡我的作品來找我，但我那本書做得好，不代表這本書也同樣會做得出色，這也是一種負責任的態度，忠於自我感受，並誠實面對自己的能力範圍。

人生快不快樂，更重要

每個階段當然都有不同的責任排序。其實我讀大學時，曾經很不負責的休學，我發覺我的興趣不在工業設計系，雖然也能順利畢業，但確定往後人生快不快樂卻更重要。於是我主動跟父母提出休學、重考的決定。一開始父母很反對，但我承諾：「我一定會考上好學校，並且順利畢業。」後來我也負責任的實踐這些承諾。

大學畢業前，我就確定要成為設計圈的中流砥柱，要成為有力量的人，於是當時我決定好好念書，畢業製作時用力完成了《永真急制》這本書，才讓大家逐漸看到我。

一直以來，我很拚戰，沒有遇到讓我無法繼續向前的困難，就算有困難也覺得是磨練。即使嚮往自由，但面對工作與未來，我從不當逃兵，總是盡力把事情做好，如同我一開始所講，做任何事都要有始有終完成，才算是負責。

—王曉晴/Cheers雜誌

延伸思考

面對生命發展的節奏，如何與「忠於自我」的內在相互呼應而譜出一曲動人的生命樂章？聶永真負責不懈的精神，是否也提醒了妳/你在生涯行動中所需要的基本態度呢？

1 聶永真說：「每個階段當然都有不同的責任排序。」

來回顧整個生涯規劃課中的學習，妳/你是否清楚了人生發展的階段為何？是否更明白了每一個階段都有自己「想要」也「必要」完成的目標？而在每一個目標底下，是否也帶來了一些責任？在一天有限的 24 小時內，妳/你會怎麼排序每一份責任呢？每一個不同的排序對妳/你來說，又有怎樣的意義？

2 聶永真說：「做 80% 是自己喜歡的工作…秉持初衷把你想做的任何事完成，重點是做任何事都要有始有終完成…忠於自我感受，並誠實面對自己的能力範圍…即使嚮往自由，但面對工作與未來，我從不當逃兵，總是盡力把事情做好…」

發展自己的生涯行動計畫時，讓妳/你持續行動的力量是否需要來自一份打從心中喜歡的動力呢？這一份喜歡是否就會是妳/你重要的初衷呢？當妳/你能夠忠於自我的感受時，是否還能夠誠實檢視自己的能力範圍？即使妳/你也愛自由，但也能把該做的事情做好？以上這些提問，在進行生涯行動計畫擬定時，都需要妳/你深思，並且得出忠於自我的答案。

9-1　做自己的時光旅者，實現生涯夢想計畫

夢想的藍圖

　　妳/你曾經對想做的事情有計畫嗎？有想法嗎？面對自己未來的人生，妳/你又會怎麼想像呢？人生如同旅行，旅行有目的地，有時間限制，有行程規劃，設立目標才知道自己要往哪裡去，才知道人生真正該追尋的夢想是什麼；人生未來的世界充滿了許多可能與挑戰，但也因為這些可能性，是我們從來沒有經歷過的，因此對未來感受到興奮、熱情、挑戰、未知、茫然、不知所措，也都是生命歷練必經的過程。

　　雨果 (Victor Hugo) 曾說：沒有一件事情比得上一個創造未來的夢想，在人生歷程裡，沒有用不到的經歷，那些曾經走過的生命經驗，透過反思與整理，結合對未來時勢的觀察與思考後的抉擇，將為妳/你建立起一個屬於自己的夢想藍圖。

SMART 原則讓夢想成為目標

　　夢想成真的關鍵，在於是否可以將夢想當成人生的重要目標，進而不斷地實踐，管理學大師彼得・杜拉克 (Peter F. Drucker) 針對目標提出了「目標管理」的概念，更在這概念下有了可供操作的「SMART 原則」。現在就來認識可以使妳/你的夢想成為具體行動目標的「SMART 原則」吧！

大大樹tips

杜拉克 (Peter F. Drucker) 認為「並不是有了工作才有目標，是有了目標才能確定每個人的工作」，所以擁有夢想並且當作這一生成就的目標，才能有穩定的工作發展喔！

Specific 明確的 01
可以具體說出的目標，並且不含糊籠統的。
例如：將「要升大學」改成「我想考上某科大某學系」。

Measurable可測量的 02
將達成目標的步驟用具體的數字說出與描述。
例如：將「我要有專業技能」改成「我要在畢業前拿到三張證照」。

Attainable可行的 03
設定的目標是在現實能力範圍中能夠做得到的。
例如：將「我要努力上課」改成「我每一節課可以專心聽老師上課10分鐘」。

Realistic符合現實的 04
從可以做到的小目標開始，並且一次專注一個。
例如：將「為了全國技藝競賽，我要每天練技術」改成「為了參加全國技藝競賽，我每天要到工廠至少練習3小時」。

Time-bound明確的時限 05
評估目標完成所需的時間，且要在期限內完成。
例如：將「我要在高二以前取得某某證照」改成「我要在三個月內取得某某證照」。

資料來源：SMART原則—MBA智庫百科
http://wiki.mbalib.com/zh-tw/SMART原則

大大樹tips

除了上面五個原則，對正在學習與發展的技術型高中生來說，還可以多加一個：**06** Elasticity「彈性的/靈活的」，讓你在目標設定與執行的過程中遇到阻礙時，可以利用其他輔助資源來幫忙達成夢想。例如：家裡沒有電腦做作業，可以到圖書館或學校使用公用電腦來完成。

大大樹來搜尋

請上You Tube 搜尋影片

成功關鍵：如何設定目標 - 5 個設定目標關鍵帶領你成功	🔍

看完影片後，我的想法是？

本片設定目標的五個方式與 SMART 原則，有哪些是相近的概念？又有哪些概念不太一樣呢？

夢想行動計畫實現的妙方

在聶永真的故事裡，妳/你在他身上看到了哪些實踐生涯夢想的妙方呢？是什麼原因讓聶永真在面對各種挫折與考驗中，不斷提醒自己，並且持續堅持自己的夢想呢？

在完成任何工作與計畫時，常會遇到很多的考驗與挫折，尤其是關於「夢想」這件事情，更可能會面臨現實的考驗、父母因擔心而有的要求，與自己經驗不足等阻力，在確認自己的目標之後，擬定可行的行動計畫，掌握時間執行，透過充足的準備與自我覺察，完成自己的夢想。右圖提供幾個能讓夢想成真的準備良方，也請妳/你思考其可行性：

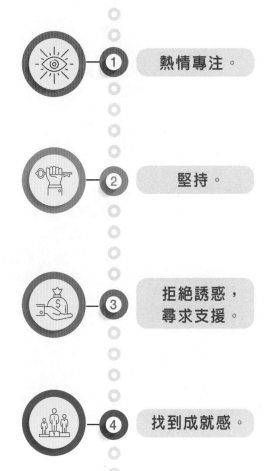

1. 熱情專注。
2. 堅持。
3. 拒絕誘惑，尋求支援。
4. 找到成就感。

夢想行動計畫　時間最知道

上天給予人類最公平的事情就是一天24小時，回到自己的身上，妳/你能夠感覺到「時間」嗎？妳/你對時間有自己的感受與定義嗎？請靜下心來，與自己對話，也可以和同學一起分享：

探索活動　　發現時間的祕密

1 「時間」對我來說是什麼呢？

2 在我心中，最能代表「時間」的物品是什麼？為什麼？

3 同樣的1小時，「腸胃炎急診時，等待醫生來看診」以及「做自己喜歡的事情」，感受是否一樣呢？為什麼？

事有輕重緩急

有了想實踐的夢想，更需要學習對時間的掌握與管理，這也是達成夢想最關鍵的鑰匙。回到聶永真的身上，我們可以看到他善用自己時間，在計畫中去完成自己想做的事，達成夢想，可見「時間管理」是實現行動計畫非常重要的因素。人性有許多的慾望與需求，在本質上我們喜歡享樂來滿足生存所需，因此對於完成一份行動計畫，很多時候與我們人性中的享樂是背道而馳的，所以

如果我們沒有自覺的進行對自己的約束與管理，那麼「拖延」與「打混」就自然會出現。對於自己的未來以及心中的夢想，我們需要避免一再拖延打混的耽擱，因為，逐夢需要踏實，而事情需要有「輕重緩急」之分。

學者尼南與德萊登 (Neenan、Dryden, 2002) 的 N 字法則，根據「緊張」與「重要」兩個因素來讓我們更容易學會判斷事情先後順序、輕重緩急的能力：

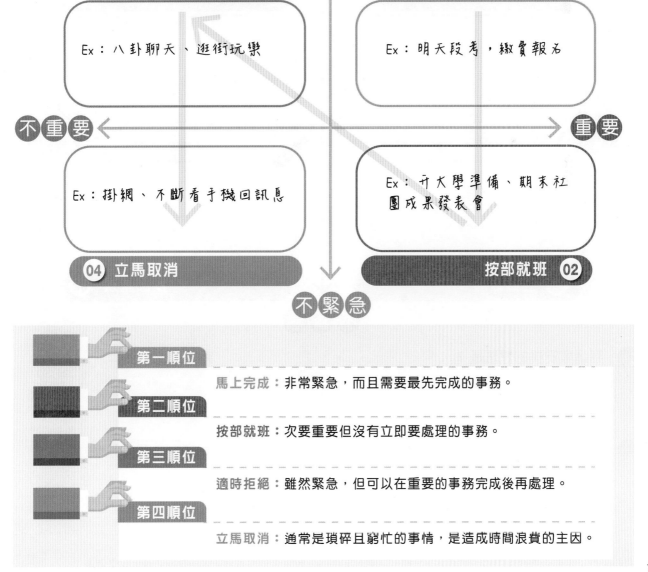

緊急

03 適時拒絕

Ex：八卦聊天、逛街玩樂

馬上完成 01

Ex：明天段考，繳費報名

不重要 ← → 重要

Ex：掛網、不斷看手機回訊息

Ex：升大學準備、期末社團成果發表會

04 立馬取消

按部就班 02

不緊急

第一順位

馬上完成：非常緊急，而且需要最先完成的事務。

第二順位

按部就班：次要重要但沒有立即要處理的事務。

第三順位

適時拒絕：雖然緊急，但可以在重要的事務完成後再處理。

第四順位

立馬取消：通常是瑣碎且窮忙的事情，是造成時間浪費的主因。

探索活動　完全掌握N字法則

緯緯目前正面對高三下升學的重要關卡，近來卻一堆事情纏身，不知道要怎麼安排先後順序才好。這幾件令人煩心的事情有：與交往情人生活上的小爭吵、再過一個月就要參加統測、書審資料需要開始進行以及玩手遊與社交軟體。

請練習使用 N 字法則，為緯緯排出處理事情「輕重緩急」的次序，並和同學分享：

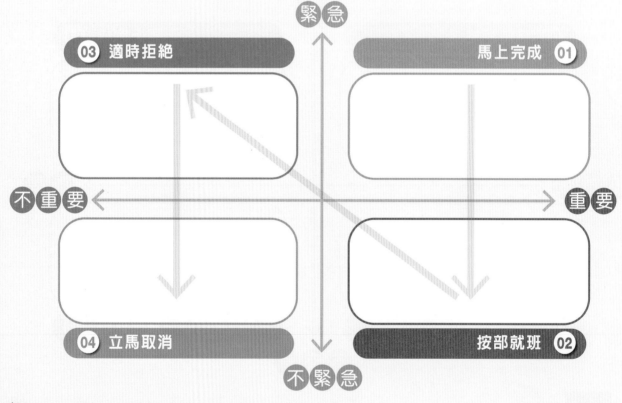

我這樣安排的想法是？

完成上面的探索活動後，再重看一次聶永真小故事的「延伸思考」，我會怎麼回答呢？

資料來源：生涯規劃學科中心（教育部）。時間管理N字法則。教育大市集首頁 / Web教學資源 / 教學資源。

碎片化時間的運用與學習

當 2007 年第一支 iPhone 問世之後,「手機＋網路」顛覆了過去溝通和知識取得的方式,許多社群平臺逐漸將複雜的知識簡單化,也透過聳動標題的傳播效應,讓消費者忍不住停下手邊的工作去閱讀訊息。

在短時間內接收大量的訊息,看起來似乎是很有效率的事情,但是背後反而越帶來「我怎麼都不知道」的焦慮,於是早上坐捷運的通勤時間看臉書瞭解新聞大小事,到了中午用餐時間,上 YouTube 看有趣短片,即使是上課或參加活動時,也會隨時關注社交軟體的訊息。在這樣的生活中,我們的腦袋是隨時隨地在「多工運轉」,但也讓原本工作、學習隨時被突如其來的訊息打斷,使得原本完整的時間分配不斷地「碎片化」。

在手機與網路的時代裡,當「碎片化的時間」成為現代生活與做事方式的一種常態時,不妨先試著確定自己想要學習的內容,再將一天生活當中固定的碎片化時間,進行系統化的學習,就可以看得到累積的成果喔!

大大樹來搜尋

請上 YouTube 搜尋影片

碎片學習有什麼不對?一天聽一點～影片版 #231 🔍

想一想什麼是「碎片化時間」與「碎片化學習」。

我的生活中,碎片化的時間通常是什麼時候?運用來做什麼事情呢?是否曾白白浪費掉?

1 核心知識能力。

2 和核心知識有關並且感興趣的知識。

3 輕鬆有趣的資訊。

探索活動　練習整理我的碎片化時間

1. 請試著定下一個「目前」最迫切想學習的目標。

2. 試著找出 5 項在日常生活中的碎片時間，並且寫出運用的方式。

3. 請和同學分享彼此的碎片時間，並討論彼此的差異。

例如：

我的目標：多益700分			
我的碎片時間	搭公車、捷運	放學後，到補習班之前	晚上睡覺前
我可以運用的學習方式	用字卡背單字	練習用TED的影片，訓練聽力	看一篇雜誌短文

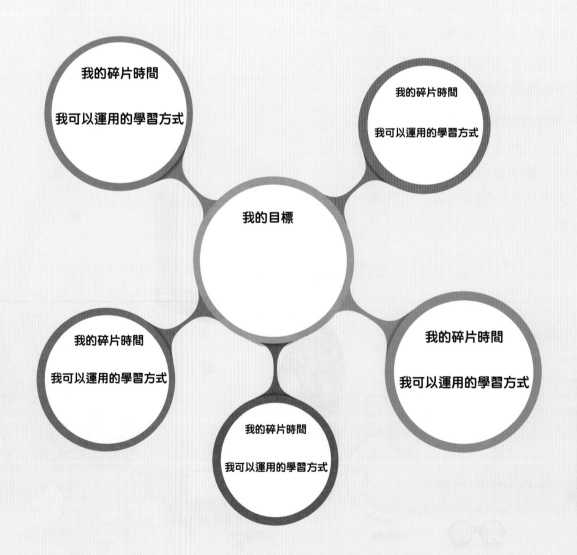

9-2 夢想要成真：從生涯行動計畫到學習歷程檔案

想像一下 5 年、10 後，或是更久以後，妳/你在哪裡？做什麼事？面對未來生涯的夢想，經由 9-1 的學習，讓我們能對行動計畫進行有效的評估，並且在懂得事情有輕重緩急的概念下知道如何進行「時間管理」，而能具體實現計畫。

通過 SMART 原則、N 字法則、對時間的掌握以及運用碎片化時刻的操作後，接下來請妳/你為自己擬一份對未來生涯的夢想行動計畫，藉由擬定這一份計畫的過程，除了操練妳/你對自己生涯掌握的程度，也讓我們以此來回顧、省思與總結這一路來生涯

規劃課中的各種學習，最後回到學習歷程的概念，學習整合生涯行動計畫要如何與之整合，最後產出一份屬於妳/你在技術型高中三年的學習檔案，成為未來升學或求職的利器！

我們一起先從聶永真設計師的故事裡，逐步探究他的生涯行動計畫吧！

聶永真的生涯行動計畫：　負責與快樂的設計人生

時程	時間	生涯目標	具體可行的行動計畫
【近程】_18_ 歲到 _22_ 歲	大學	轉考國立臺灣科技大學商業設計系	1. 向父母提出休學、重考的決定。 2. 對父母與自己提出具體承諾。 3. 用半年時間好好讀書，負責任地實踐承諾。
【近程】_24_ 歲到 _25_ 歲	大學畢業前	成為設計圈的中流砥柱，更成為有力量的人	1. 好好念書。 2. 畢業製作時用力完成了《永真急制》這本書。
【中程】_25_ 歲到 _32_ 歲	初出社會	找出個人定位	1. 沒有做過太多案子，所有案子都想試。 2. 大約只有30％是自己喜歡的工作，但還是盡力做好。
【遠程】_32_ 歲之後	歷經幾年瘋狂接案的生活後	做80％自己喜歡的工作	1. 給自己放鬆一段時間，用力去旅行。 2. 靜下心思考自己想要做的事。 3. 做一項非關設計、純藝術感官實驗的作品。

探索活動　我的生涯行動計畫

　　從聶永真的生涯行動計畫裡，妳/你看到了什麼呢？請試著以 SMART 原則
與 N 字法則來擬訂妳/你的生涯行動計劃，完成之後，請找 1~2 個同學依照下列步
驟進行分享：

STEP 1 說出自己的夢想。

STEP 2 請告訴同學，妳/你對以下問題的答案與想法。

　　　1. 我的生涯行動計畫分為哪幾個階段執行？為什麼？

　　　2. 我是如何決定每個階段的生涯目標？達成的標準是什麼？

　　　3. 我所擬定每階段具體可行的計畫裡，考慮過哪些因素？這些行動裡，可以幫助
　　　　我達到哪些目標？

STEP 3 請同學依據對妳/你的瞭解，針對妳/你的夢想，真誠地從 1（毫無機會）到 10（沒
　　　　有問題）為妳/你打個分數。

特別注意：分數不是絕對，這個練習最大目的在於檢核自己的夢想與行動計畫的可行性，共同
　　　　　　為實現夢想而努力喔！

從「學習歷程」到「學習檔案」

回顧生涯規劃課程的學習與收穫，這樣的過程其實就和累積「學習歷程」是一樣的，兩者的目標更是一致，也就是在協助妳/你整理高中這三年學習的點點滴滴，從整理中，讓妳/你更能思考與發現自己未來可以投入的生涯目標。

當妳/你在整理生涯規劃每一個章節的學習收穫，所寫下的收穫等同在那個章節屬於自己的學習重點，以這樣的方式運用到妳/你的學習歷程中，每一個學習歷程項目，也就是代表了一個獨特的妳/你，最後整合成一本有著妳/你獨特特質的高中三年學習檔案。

我的學習檔案 – 我的「關鍵字」

請回顧在第五、六章時，透過生涯進路資訊讓妳/你了解無論是升學或是就業，大學學系或是公司產業所需要的「專業需求」是什麼。

當妳/你透過網頁資訊來了解該學系或者該工作的特色、發展目標，以及進去就讀的課程學習或工作上需要的專業能力等，妳/你會發現有些關鍵字會一直出現，這些關鍵字會與妳/你現在學習的專科有很大的關連，可以說就是「行話」，這些行話代表著一個

領域中的「專業」，如果在妳/你的學習檔案中沒有這些行話的出現，那麼是不是會展現不出妳/你在技術型高中專能學習上的專業呢？

所以，學習檔案除了要有個人的風格與特色，還更要有對於大學學系或工作產業在「專業關鍵字」的學習與技能展現，以及在專業上個人發展的思考。

學習檔案製作的葵花寶典

學習檔案的製作，就是編製一本屬於「自己」一路努力學習上來的故事書，讓不認識妳/你的人，可以經由這本故事書，了解妳/你努力的點點滴滴。

學習檔案的範本，可以從 Google 上面來搜尋參考，以下提供製作學習檔案的幾個重點提示喔！

大大樹來搜尋
請上 Google 搜尋

請搜尋「高中學習歷程資料項目」並說明概念。

探索活動　從學習歷程檔案找到亮點

回想一下，妳/你的學習歷程檔案的每一個向度裡，放置了哪些資料？這些資料會呈現怎樣的自己？妳/你希望別人看到的妳/你是什麼模樣？請試著用至少三個形容詞，或一段話來描述每個向度，越具體越好喔！

 基本資料　我想以此呈現怎樣的自己→

 自傳　我想以此呈現怎樣的自己→

 **學習計畫**　我想以此呈現怎樣的自己→

 課程學習成果　我想以此呈現怎樣的自己→

 多元表現　我想以此呈現怎樣的自己→

 專題製作　我想以此呈現怎樣的自己→

 修課紀錄　我想以此呈現怎樣的自己→

 其他特色資料　我想以此呈現怎樣的自己→

學習檔案 製作

1 第一招

封面、封底

既然是妳/你的「學習檔案」，妳/你的「學習努力書」，那麼一拿到這本故事書的人，從封面到封底，就可以看到屬於妳/你的風格。

2 第二招

目錄、分隔頁

清楚的目錄與分頁，可以讓人家更快看到屬於妳/你的「亮點」！畢竟處在資訊爆炸的時代，得知道別人沒太多時間慢慢在雜亂無章的內容中尋找你，讓人更快的看到妳/你這個人的重點是好的學習檔案的基礎。

3 第三招

履歷表/簡歷表

學習寫好履歷表，可讓人在最短時間看到最全面性的妳/你。履歷表必須在簡潔有力中呈現妳/你個人的各種經歷與才能，除了條列式呈現，在重要的表現上更要讓其突出。

4 第四招

自傳

透過自傳，要看出妳/你個人的獨特性，以及妳/你是否是大學學系或是工作產業所需要的人才。自傳的內容包括：個人特質、家庭背景、學習歷程、參與表現、自我能力評估以及對未來發展的願景。

5 第五招

讀書計畫/工作計畫

對於妳/你要申請的大學學系或工作，需有妳/你進入之後會怎麼努力投入的規劃，這就是讀書計畫/工作計畫擬定的目標。內容包括：計畫目的、計畫的動機、大學四年的學習計劃或投入工作的計畫，最後則是夢想與願景。

6 第六招

學習成果

透過整理高中三年學習歷程的資料，包括：成績單、專題報告、實習作品、各項課堂表現優異作業、校外教學心得、實習實作歷程的影音紀錄以及研習學分證明等等，透過這些整理來展現出妳/你的學習態度與成果。

7 第七招

專業證照

身為技術型高中生，學習專業技能是讀書外最重要的表現，也因此高中三年在妳/你的專科本身，需要呈現專業技能的相關證照，包括有：技術士證照及考照心得、能力證照及考照心得以及其他特殊才能證照及考照心得等。

8 第八招

多元學習/表現活動紀錄

無論升大學或是進入社會，都將在一個多元的環境中學習或投入工作，因此人際關係互動、主動參與程度或是多元表現等都是重要的能力，所以需要在高中三年開始籌備參與。這一部分的資料包括：幹部、活動參與、競賽、社團、服務學習或工讀經驗等。

9 第九招

獲獎/特殊表現

這一部分主要呈現學業的成就，以及技能競賽成果。在一個領域中鑽研與積極表現，可以看出妳/你在這個領域中的熱情與專注。

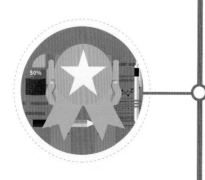

學習檔案的檢核與回饋

在完成學習檔案之後，請試著透過「學習檔案自我評核表」整理出妳／你需要的各項資料內容，並於每學期期末進行自我檢核，亦可和同學、朋友、師長分享，大家回饋的點點滴滴，都能化為成長的動力，讓自己的優勢更加耀眼！

學習檔案大綱	我的學習檔案內容	完成度自我檢核								
		高一			高二			高三		
		讚	不錯	加油	讚	不錯	加油	讚	不錯	加油
★ 檔案建置	封面／封底									
	目錄／分隔頁									
★ 自我資料呈現	履歷表／簡歷表									
	自傳									
	心理測驗結果與分析									
★ 展望與評估	讀書計畫／工作計畫									
	能力SWOT分析									
★ 學習成果	成績單									
	實習／實作／研習歷程									
	專題／小論文／畢業作品									
	校外參觀活動心得									
	各科學習成果									
★ 證照	技術士證照、心得									
	各式能力證照、心得									
	特殊才藝證照、心得									
★ 多元學習成果	幹部與服務學習									
	競賽／活動參與經歷									
	社團經歷									
	工作與工讀經歷									
★ 獲獎與特殊表現	學業成就									
	技能競賽									

打造獨一無二的生涯行動計畫

完成生涯行動計畫之後，接著再進一步以這份計畫作為藍本，回顧生涯規劃課程，並且整理出在每一個單元中學到了哪些對自己生涯有所幫助的資訊，讓這些珍貴的生涯資源能具體地實現妳/你的生涯行動計畫。

探索活動　回顧來時路－生涯行動記事本

請整理出生涯規劃課本每一章的學習重點，書寫於下，並且思考這些重點如何幫忙妳/你落實在生涯行動計畫上。

第一章

我的成長、家庭與生活

【學習重點】

【在生涯計畫上實用的東西】

第二章

關於我的點點滴滴

【學習重點】

【在生涯計畫上實用的東西】

第三章

我與他人的溝通與互動

【學習重點】

【在生涯計畫上實用的東西】

第四章

生涯危機與管理

【學習重點】

【在生涯計畫上實用的東西】

第五章

生涯進路與工作資訊

【學習重點】

【在生涯計畫上實用的東西】

第六章

認識未來工作的趨勢與勞權

【學習重點】

【在生涯計畫上實用的東西】

第七章

性別與工作的概念

【學習重點】

【在生涯計畫上實用的東西】

第八章

我的抉擇風格與技巧

【學習重點】

【在生涯計畫上實用的東西】

第九章

時間管理與行動計畫實行

【學習重點】

【在生涯計畫上實用的東西】

New Wun Ching Developmental Publishing Co., Ltd.
New Age · New Choice · The Best Selected Educational Publications — NEW WCDP

新文京開發出版股份有限公司

NEW
WCDP

新世紀‧新視野‧新文京—精選教科書‧考試用書‧專業參考書